NPO法人会計基準協議会

NPO法人
会計基準

[完全収録版 第3版]

八月書館

第3版刊行にあたって

本書は2010年7月20日にＮＰＯ法人会計基準協議会から公表された「ＮＰＯ法人会計基準」を完全収録して2010年12月に刊行し、2011年11月20日の一部改正に伴い第2版を刊行しました。

その後もＮＰＯ法人の数は増え、ＮＰＯ法成立20年を経て、非営利・公益の大きな部分を担っています。ＮＰＯ法人は、行政から独立し、市民からの支援や批判という評価の中で活動を行っていく団体であり、情報公開、特に、寄付などを中心とした資金の使いみちを公開して信頼を得ることが、非常に重要になっています。

最近、こうした寄付について、クレジット・カードの使用や、クラウドファンディング、古本などの現物寄付の換金化など、より広く支援を得るための多様な方法が採用されるようになってきました。会計基準も、こうした現状に対応する必要があることから、入金が確実になった時点での受取寄付金の計上を明確にする改正を、2017年12月に行いました。また、これに合わせて、会計基準策定時に不十分であった点の補充なども行いました。改正された部分については172ページの新旧対照表を見てください。

このような改正の内容を広く知っていただき、ＮＰＯ法人の活動が、より分かりやすく公表されることを目指して、改正内容を収録した第3版を刊行することにしました。

当初の刊行以来の以下のポイントは変わりませんので、本書を活用していただき、ＮＰＯ法人の信頼性向上に役立てていただければ幸いです。

1．「ＮＰＯ法人会計基準」及び会計基準を実務担当者に分かりやすく伝える機能を持つ「実務担当者のためのガイドライン」のすべてを収録した。
2．策定時に公表された「ＮＰＯ法人会計基準の構成とガイドラインの役割」及び「会計基準とガイドラインの関係についてのフローチャート」を次ページに掲載することで、会計基準の全体像や使い方が理解できるようにした。
3．会計基準の各条文ごとに、それと関連のある「ＮＰＯ法人会計基準の《Q&A》」の参照個所を明示することにより、比較参照の便をはかった。
4．「議論の経緯と結論の背景」などの会計基準策定の際の基本文書や、その後の改正時の説明を巻末に収録して、策定以来の趣旨を分かりやすくした。

なお、「ＮＰＯ法人会計基準」に関する質問掲示板や各種資料は、
「みんなで使おう！ＮＰＯ法人会計基準」(http://www.npokaikeikijun.jp/)
に掲載されています。

2018年2月
ＮＰＯ法人会計基準協議会

NPO法人会計基準の構成とガイドラインの役割

1. NPO法人会計基準の構成

NPO法人会計基準の構成は以下の通りになっています

(1) NPO法人会計基準の性格と基本的考え方(011p)

(2) NPO法人会計基準(014p)
　①NPO法人会計基準（注解も含む）
　②別表１～２
　③様式１～５

(3) 議論の経緯と結論の背景(179p)

> NPO法人会計基準の骨格を示すもの

(4) 実務担当者のためのガイドライン(039p)
　①パターン分類された記載例
　②NPO法人会計基準の《Q&A》

> 会計基準を実務に適用する場合の指針。(1)～(3)を実務担当者に分かりやすく伝える機能

2. 会計基準とガイドラインの関係

NPO法人会計基準は、配列方法を工夫することで、すべてのNPO法人がすべての項目を見ずに省略してもいいようにしています。

また、会計基準とガイドラインの記載例、《Q&A》を連動させて、ガイドラインの記載例や《Q&A》が会計基準にどのように関係しているのかが分かるようにしています。

以下のようにお使いください。

・現預金以外に資産・負債がない場合には、会計基準Ｉ～Ⅳ及びガイドラインの［記載例１］をご参照ください。

・棚卸資産の販売やサービスの提供、行政からの委託事業などを行う場合や固定資産の購入などがあり、現預金以外の資産や負債がある場合には、会計基準Ｉ～Ⅳのほかに会計基準Ⅴ及び［記載例２］もご参照ください。

・NPO法上の「その他の事業」を行っている場合には、会計基準Ⅵ及び［記載例３］もご参照ください。

・現物寄付やボランティアの受入れ、施設の無償提供、使途が制約された寄付金、助成金や補助金の受入れ等NPO法人に特有の取引がある場合には、会計基準Ⅶ及び［記載例４］もご参照ください。

・「NPO法人会計基準の《Q&A》」は、会計基準を解説するものです。《Q&A》の番号は、会計基準の番号と対応しています。

・次ページのフローチャートで、会計基準とガイドラインの関係を確認してください。

会計基準とガイドラインの関係についてのフローチャート

　ガイドラインでは、活動計算書、貸借対照表、財務諸表の注記の記載例を４つ示しました。それぞれどのような法人がどの記載例を参照すればいいのか、会計基準や会計基準の《Q&A》とどのような関係にあるのか、フローチャートを示しました。
　記載例はあくまでも例示ですので、この通りの様式で作成しなければいけないというものではありません。それぞれのＮＰＯ法人が工夫をして作成してください。できることなら、すべての記載例に目を通してください。複数の記載例に目を通す必要があるＮＰＯ法人もあります。

期末に現預金以外の資産や負債がありますか？

資産・負債の計上については、《Q&A》7-1、15-1、16-1、19-1などをご参照ください。

はい

[記載例２]をご参照ください。
記載例に対応する、会計基準のⅠ～Ⅴ及び《Q&A》Ⅰ～Ⅴもご参照ください。

いいえ

[記載例１]をご参照ください。
記載例に対応する、会計基準のⅠ～Ⅳ及び《Q&A》Ⅰ～Ⅳもご参照ください。

ＮＰＯ法上の特定非営利活動に係る事業以外の事業（その他の事業）を行っていますか？

はい

[記載例３]をご参照ください。
記載例に対応する、会計基準のⅥ及び《Q&A》Ⅵもご参照ください。

いいえ

[記載例３]及び会計基準、《Q&A》のⅥは省略しても構いません。

使い道に指定のある寄付の受入れ、現物寄付やボランティアの受入れ、助成金や補助金の受入れなど、ＮＰＯに特有の取引がありますか？

はい

[記載例４]をご参照ください。
記載例に対応する、会計基準のⅦ及び《Q&A》のⅦもご参照ください。

いいえ

[記載例４]及び会計基準、《Q&A》のⅦは省略しても構いません。

目次

第3版刊行にあたって	························· *003*
NPO法人会計基準の構成とガイドラインの役割	························· *004*
会計基準とガイドラインの関係についてのフローチャート	························· *005*
第1部　NPO法人会計基準	························· *009*
NPO法人会計基準の性格と基本的考え方	························· *011*
NPO法人会計基準	························· *014*

   Ⅰ　NPO法人会計基準の目的　·········· *014*
   Ⅱ　一般原則　·········· *015*
   Ⅲ　財務諸表等の体系と構成　·········· *016*
   Ⅳ　収益及び費用の把握と計算 ― その1　·········· *016*
   Ⅴ　収益及び費用の把握と計算 ― その2　·········· *017*
   Ⅵ　その他の事業を実施する場合の区分経理　·········· *018*
   Ⅶ　NPO法人に特有の取引等　·········· *018*
   Ⅷ　財務諸表の注記　·········· *020*

NPO法人会計基準注解	························· *021*

   〔注1〕活動計算書の表示方法　·········· *021*
   〔注2〕貸借対照表の表示方法及び計上額　·········· *022*
   〔注3〕財産目録　·········· *023*
   〔注4〕事業費と管理費の区分　·········· *023*
   〔注5〕使途等が制約された寄付等の内訳の注記　·········· *024*
   〔注6〕使途等が制約された寄付等で重要性が高い場合の取扱い　·········· *024*
   〔注7〕役員及びその近親者との取引の注記　·········· *025*

別表1　活動計算書の科目	························· *026*
別表2　貸借対照表の科目	························· *029*
様式1　活動計算書	························· *030*
様式2　貸借対照表	························· *032*
様式3　財務諸表の注記	························· *033*
様式4　その他の事業がある場合の活動計算書	························· *036*
様式5　財産目録	························· *038*

第2部　実務担当者のためのガイドライン　⋯⋯⋯⋯⋯⋯⋯⋯⋯ *039*

パターン分類された記載例　⋯⋯⋯⋯⋯⋯⋯⋯⋯ *041*

[記載例1] 現預金以外に資産・負債がない場合　⋯⋯⋯ *042*

[記載例2] 現預金以外に資産・負債がある場合　⋯⋯⋯ *044*

[記載例3] 特定非営利活動に係る事業とその他の事業を行なっている場合　⋯⋯⋯ *050*

[記載例4] ＮＰＯ法人に特有の取引等がある場合　⋯⋯⋯ *056*

[財産目録の記載例]　⋯⋯⋯ *063*

ＮＰＯ法人会計基準の《Q＆A》　⋯⋯⋯⋯⋯⋯⋯⋯⋯ *065*

Ⅰ　ＮＰＯ法人会計基準の目的 ──《Q&A》⋯⋯⋯ *071*

Ⅱ　一般原則 ──《Q&A》⋯⋯⋯ *072*

Ⅲ　財務諸表の体系と構成──《Q&A》⋯⋯⋯ *079*

Ⅳ　収益及び費用の把握と計算─その1 ──《Q&A》⋯⋯⋯ *084*

Ⅴ　収益及び費用の把握と計算─その2 ──《Q&A》⋯⋯⋯ *110*

Ⅵ　その他の事業を実施する場合の区分経理 ──《Q&A》⋯⋯⋯ *130*

Ⅶ　ＮＰＯ法人に特有の取引等 ──《Q&A》⋯⋯⋯ *132*

Ⅷ　財務諸表の注記 ──《Q&A》⋯⋯⋯ *156*

◆　その他の事項 ──《Q&A》⋯⋯⋯ *159*

「ＮＰＯ法人会計基準」の策定及び改正に関する資料　⋯⋯⋯⋯⋯⋯⋯⋯⋯ *167*

2017年12月12日「ＮＰＯ法人会計基準」の一部改正について　⋯⋯⋯ *169*

2011年11月20日「ＮＰＯ法人会計基準」の一部改正について　⋯⋯⋯ *174*

[2010年7月20日会計基準策定時] ＮＰＯ法人会計基準の公表と普及に向けて　⋯⋯⋯ *176*

[2010年7月20日会計基準策定時] 議論の経緯と結論の背景　⋯⋯⋯ *179*

ＮＰＯ法人会計基準協議会運営規約　⋯⋯⋯ *204*

ＮＰＯ法人会計基準委員会運営規則　⋯⋯⋯ *206*

第1部

NPO法人会計基準

基本的考え方 ｜ 会計基準

注解

別表1・2

様式1

様式2・3

様式4・5

ＮＰＯ法人会計基準の性格と基本的考え方

1．ＮＰＯ法人会計基準策定の経緯等

特定非営利活動促進法（以下、「ＮＰＯ法」という）の制定以前から、アカウンタビリティを果たすために共通の会計基準の必要性が認識され、ＮＰＯセクターの一部で会計指針等の検討が行われてきた。また、ＮＰＯ法制定後も、各地の特定非営利活動法人（以下、「ＮＰＯ法人」という）支援組織が、その活動をする中で、ＮＰＯ法人の実状に合った会計基準の必要性が一層明らかになってきた。

このような状況のもとで、国民生活審議会は、2007 年 6 月に公表した総合企画部会報告「特定非営利活動法人制度の見直しに向けて」の中で、ＮＰＯ法人の会計基準がないことから、計算書類が正確に作成されていなかったり、記載内容に不備が見られたり、会計処理がまちまちでＮＰＯ法人間の比較が難しいなどの問題点を指摘し、会計基準の策定の必要性について言及した。

さらに、同報告は、ＮＰＯ法人会計基準の策定主体について、所轄庁が会計基準を策定すると、ＮＰＯ法人に対して必要以上の指導的効果を及ぼすおそれがあるため、会計基準の策定は民間の自主的な取り組みに任せるべきであるとの考え方を示している。

これを受けて、全国 18 のＮＰＯ支援組織がＮＰＯ法人会計基準協議会を発足させ、ＮＰＯ法人会計基準の策定作業が 2009 年 3 月に開始された。

当協議会は、専門家、研究者、実務家及び助成財団等の 24 名で構成されるＮＰＯ法人会計基準策定委員会に会計基準の策定を諮問した。

策定委員会は、2010 年 7 月までの期間の中で全 8 回の委員会を開催し、同年 7 月 20 日にＮＰＯ法人会計基準をＮＰＯ法人会計基準協議会に答申した。

2．ＮＰＯ法人会計基準策定のプロセス

ＮＰＯ法は、市民に対する情報公開を前提に、市民自身がＮＰＯ法人を監視することを第一義に定め、所轄庁の監督は最終的な是正手段としている。

2010 年 7 月 20 日策定後の
2011 年 11 月 20 日の一部改
正については 174P、
2017 年 12 月 12 日の一部改
正については 169P、
をご覧下さい。

このような趣旨からすれば、ＮＰＯ法人会計基準を法令等によって一意的に義務化することは適当ではないだろう。

ＮＰＯ法人会計基準は、ＮＰＯ法人自身が自発的かつ主体的にそれを採用し、また多くの法人がそれに準拠して会計報告を行うようになることが、法の趣旨にかなうというべきである。

このような解釈に基づいて、策定委員会はＮＰＯ法人会計基準の策定におけるすべての議論を公開し、またオブザーバー制度をも取り入れ、終始、市民が発言できる機会を確保することに努めた。

2009 年 11 月にＮＰＯ法人会計基準中間報告を公表し、同月から 12 月にかけて中間報告会を全国 17 地区で実施した。中間報告会には 753 名の参加者を得た。また、中間報告会会場又はホームページ等を通じて 484 名から 519 件のコメントを得た。

また、2010 年 4 月にＮＰＯ法人会計基準最終案を公表し、5 月から 6 月にかけて全国 15 地区で協議会メンバー主催の説明会を実施し、573 名の参加者を得た。説明会会場やホームページ等を通じて 107 名の方から、内容別に延べ 333 件の意見をいただいた。これらの意見を参考として、さらに議論を重ね、必要な修正を加えて 2010 年 7 月に最終のＮＰＯ法人会計基準を発表するに至った。

このように、日本全国のＮＰＯ法人関係者がＮＰＯ法人会計基準策定に参画できるようにし、その結果、ＮＰＯ法人全体の協同の所産としてＮＰＯ法人会計基準が策定できるように努めた。

3. ＮＰＯ法人会計基準の基本的考え方

1998 年 12 月にＮＰＯ法が施行されて、現在ではおよそ 4 万のＮＰＯ法人が活動している。ＮＰＯ法施行の当初と現在とではＮＰＯ法人が置かれている状況は大いに異なっている。

多くの市民がＮＰＯ法人の活動に大きな期待を持つようになってきたため、ＮＰＯ法人側もそのような市民の期待にこたえる責任を十分に自覚しなければならない状況となっている。

「市民の期待とそれにこたえるべきＮＰＯ法人の責任の双方にふさわしい会計基準とはいかなるものであるか」を策定作業の出発点として、ＮＰＯ法人会計基準策定委員会は、この問題意識を共有するために、次の 2 つの基本的考え方を確認した。

①市民にとってわかりやすい会計報告であること。このために、会計基準策定にあたり、会計報告の作成者の視点以上に、会計報告の利用者の視点を重視する。
②社会の信頼にこたえる会計報告であること。

第1部　ＮＰＯ法人会計基準

　社会の信頼にこたえる会計報告であるためには、何よりも会計報告の正確性が確保されていなければならない。会計報告の正確性の確保のために、複式簿記を前提とする財務諸表の体系、すなわち貸借対照表と活動計算書を中心とする体系を採用した。

　また、貸借対照表や活動計算書で伝えきれないことを財務諸表の注記で補うこととした。財務諸表の注記は、従来あまり重視されてこなかったが、ＮＰＯ法人会計基準では、貸借対照表や活動計算書と同じく財務諸表を構成する大切なものという位置づけとなっている。

　さらに、使途が特定された寄付、現物寄付、無償によるサービスの受入及びボランティアによる役務の提供等のＮＰＯ法人と支援者との関係を、会計報告の中に積極的に取り入れることとした。

　ＮＰＯ法人会計基準の策定作業は、ＮＰＯ法人とＮＰＯ法人を取り巻く社会との関係を鮮明にし、これらの関係が会計基準に凝縮されることを改めて認識させることになった。

　策定されたＮＰＯ法人会計基準は、必要なことのすべてを網羅しているとはいえない。今後、ＮＰＯ法人会計基準が普及し、ＮＰＯ法人に定着していく過程で、再度議論され、より適合的なＮＰＯ法人会計基準が形成されていくことを期待している。

　なお、ＮＰＯ法人会計基準策定委員会の議論の詳細は、「議論の経緯と結論の背景」を参照されたい。

「議論の経緯と結論の背景」については、179p

基本的な考え方

ＮＰＯ法人会計基準

Ⅰ　ＮＰＯ法人会計基準の目的

目的

1.　　この会計基準は、以下の目的を達成するため、ＮＰＯ法人の財務諸表及び財産目録（以下、「財務諸表等」という）の作成並びに表示の基準を定めたものである。

> 071p《Q&A》1-1　基準に書いていない事項は？

（1）　ＮＰＯ法人の会計報告の質を高め、ＮＰＯ法人の健全な運営に資すること。

（2）　財務の視点から、ＮＰＯ法人の活動を適正に把握し、ＮＰＯ法人の継続可能性を示すこと。

（3）　ＮＰＯ法人を運営する者が、受託した責任を適切に果たしたか否かを明らかにすること。

（4）　ＮＰＯ法人の財務諸表等の信頼性を高め、比較可能にし、理解を容易にすること。

（5）　ＮＰＯ法人の財務諸表等の作成責任者に会計の指針を提供すること。

他の法令による規定への留意

2.　　本基準は、ＮＰＯ法人が行うすべての活動分野に適用することができる。ただし、法令等によって別の会計基準が定められている事業を行う場合には、当該法令等に留意する。

第1部　NPO法人会計基準

Ⅱ　一般原則

真実性・明瞭性

3.　NPO法人の財務諸表等は、NPO法人の真実の実態を表示し、かつ明瞭に表示するものでなければならない。

適時性・正確性

072p《Q&A》4-1　「適時に」とはどれくらいの頻度？

4.　NPO法人は、適時かつ正確に作成した会計帳簿に基づいて、財務諸表等を作成しなければならない。

継続性

074p《Q&A》5-1　会計方針を変更してよい場合とは？

5.　会計処理の原則及び手続並びに財務諸表等の表示方法は、毎事業年度継続して適用し、みだりに変更してはならない。

単一性

076p《Q&A》6-1　助成事業等を行っている場合は？

6.　情報公開のため、社員総会への提出のため、助成金等の申請目的のため、租税目的のためなど、種々の目的のために異なる形式の財務諸表等を作成する必要がある場合、それらの内容は、信頼しうる会計記録に基づいて作成されたものであって、NPO法人の判断によって、事実の真実な表示をゆがめてはならない。

重要性

077p《Q&A》7-1　重要性の原則の考え方は？

7.　重要性の乏しいものについては、会計処理の原則及び手続並びに財務諸表等の表示について簡便な方法を用いることができる。
　　重要性の高いものはより厳密な方法を用いて処理しなければならない。

015

Ⅲ　財務諸表等の体系と構成

ＮＰＯ法人の財務諸表等

8.　ＮＰＯ法人は、財務諸表（活動計算書及び貸借対照表）及び財産目録を作成しなければならない。

079p《Q&A》8-1　貸借対照表、活動計算書とは？

活動計算書

9.　活動計算書は、当該事業年度に発生した収益、費用及び損失を計上することにより、ＮＰＯ法人のすべての正味財産の増減の状況を明瞭に表示し、ＮＰＯ法人の活動の状況を表すものでなければならない。〔注1〕

080p《Q&A》9-1　「当該事業年度に発生した」とは？

貸借対照表

10.　貸借対照表は、当該事業年度末現在におけるすべての資産、負債及び正味財産の状態を明瞭に表示するものでなければならない。〔注2〕

財産目録

11.　財産目録は、当該事業年度末現在におけるすべての資産及び負債につき、その名称、数量、価額等を詳細に表示するものでなければならない。〔注3〕

Ⅳ　収益及び費用の把握と計算― その1

受取会費

12.　受取会費は、確実に入金されることが明らかな場合を除き、実際に入金したときに収益として計上する。〔注1〕

084p《Q&A》12-1　未収会費を計上する場合は？
084p《Q&A》12-2　将来の会費の入金があった場合の会計処理は？
085p《Q&A》12-3　介護サービスを受けるための会費は？

受取寄付金

13.　受取寄付金は、確実に入金されることが明らかになった場合に収益として計上する。

086p《Q&A》13-1　「確実に入金されることが明らかになった場合」とは？
087p《Q&A》13-2　クレジットカードによる寄付の場合には？
089p《Q&A》13-3　寄付を仲介する団体を通して寄付を受けた場合には？

第1部　NPO法人会計基準

091p《Q&A》13-4　返礼品を提供するような場合には？
093p《Q&A》13-5　現物で寄付を受取る場合には？
095p《Q&A》13-6　換金型の現物寄付：換金主体が寄付者である場合には？
097p《Q&A》13-7　換金型の現物寄付：換金主体が NPO 法人である場合には？
099p《Q&A》13-8　遺贈寄付を受けた場合には？

費用の区分

14.　　NPO法人の通常の活動に要する費用は、事業費及び管理費に区分し、かつそれぞれを人件費及びその他経費に区分して表示する。〔注1及び注4〕

101p《Q&A》14-1　事業費・管理費とは具体的には？
102p《Q&A》14-2　事業費と管理費の区分の方法は？
105p《Q&A》14-3　人件費にはどのようなものがあるか？

少額の資産

15.　　消耗品の購入等で少額のものは、実際に支払ったときに費用として計上することができる。

108p《Q&A》15-1　棚卸資産に計上しなくてもよい金額は？

定期的に支払う費用

16.　　電話代、電気代、家賃等定期的に支払う費用は、実際に支払ったときに費用として計上することができる。

109p《Q&A》16-1　定期的に支払う費用には他にどんなものがあるか？

Ⅴ　収益及び費用の把握と計算― その2

事業収益

17.　　棚卸資産の販売又はサービスを提供して対価を得る場合は、販売又はサービスを提供したときに収益として計上し、対価の額をもって収益の額とする。

棚卸資産の計上

18.　　販売して対価を得るための棚卸資産は、購入又は製造した時点では費用とせず、実際に販売した時に費用とする。事業年度末において販売していない棚卸資産は貸借対照表に流動資産として計上する。

110p《Q&A》18-1　売上原価の表示方法は？

固定資産の計上

19. 購入した固定資産は、原則として当該資産の取得価額を基礎として計上しなければならない。

112p《Q&A》19-1　固定資産と消耗品費等の違いは？
123p《Q&A》19-2　ソフトウェアは資産になるのか？

減価償却費の計上

20. 貸借対照表に計上した固定資産のうち、時の経過等により価値が減少するものは、減価償却の方法に基づき取得価額を減価償却費として各事業年度に配分しなければならない。

118p《Q&A》20-1　減価償却の手続きとは？

外貨建取引の換算方法

21. 外貨建取引は、取引発生時の為替相場に基づく円換算額で計上しなければならない。

124p《Q&A》21-1　外貨建取引の円換算の方法は？

複数事業の事業別開示

22. 事業費は、事業別に区分して注記することができる。その場合収益も事業別に区分して表示することを妨げない。〔注4〕

126p《Q&A》22-1　複数事業の事業別開示は義務か？
127p《Q&A》22-2　複数事業に共通する経費の按分方法は？

Ⅵ　その他の事業を実施する場合の区分経理

特定非営利活動以外の事業を実施する場合の区分経理

23. 特定非営利活動に係る事業の他に、その他の事業を実施している場合には、活動計算書において当該その他の事業を区分して表示しなければならない。

130p《Q&A》23-1　その他の事業を行なっていない場合は？
130p《Q&A》23-2　貸借対照表の区分は必要か？
162p《Q&A》50-1-3　その他の事業に固有の資産等の注記
164p《Q&A》50-1-5　その他の事業を実施していない場合の注記等

Ⅶ　NPO法人に特有の取引等

現物寄付の取扱い

24. 受贈等によって取得した資産の取得価額は、取得時における公正な評価額とする。

093p《Q&A》13-5　現物寄付の収益の計上は？
132p《Q&A》24-1　公正な評価額とは具体的には？
133～134p《Q&A》24-2～3　寄付物品を販売した場合、期末まで所有している場合の表示方法は？

018

無償又は著しく低い価格で施設の提供等を受けた場合の取扱い

135p《Q&A》25-1　無償の施設提供等を受けた場合の会計上の基本的考え方は？

25.　無償又は著しく低い価格で施設の提供等の物的サービスを受けた場合で、提供を受けた部分の金額を合理的に算定できる場合には、その内容を注記することができる。

なお、当該金額を外部資料等により客観的に把握できる場合には、注記に加えて活動計算書に計上することができる。

ボランティアによる役務の提供の取扱い

137〜140p《Q&A》26-1〜2
ボランティアによる役務の提供とは？　会計上の基本的考え方は？
142p《Q&A》26-3　合理的、客観的とは？
143〜145p《Q&A》26-4〜5
注記の方法、活動計算書に計上する方法は？

26.　無償又は著しく低い価格で活動の原価の算定に必要なボランティアによる役務の提供を受けた場合で、提供を受けた部分の金額を合理的に算定できる場合には、その内容を注記することができる。

なお、当該金額を外部資料等により客観的に把握できる場合には、注記に加えて活動計算書に計上することができる。

使途等が制約された寄付金等の取扱い

27.　寄付等によって受入れた資産で、寄付者等の意思により当該受入資産の使途等について制約が課されている場合には、当該事業年度の収益として計上するとともに、その使途ごとに受入金額、減少額及び事業年度末の残高を注記する。〔注5及び注6〕

返還義務のある助成金、補助金等の未使用額の取扱い

151p《Q&A》28-1　実施期間の途中で決算期末を迎えた場合の会計処理は？

28.　対象事業及び実施期間が定められ、未使用額の返還義務が規定されている助成金、補助金等について、実施期間の途中で事業年度末が到来した場合の未使用額は、当期の収益には計上せず、前受助成金等として処理しなければならない。

後払いの助成金、補助金等の取扱い

154p《Q&A》29-1　後払いの補助金等の会計処理は？

29.　対象事業及び実施期間が定められている助成金、補助金等のうち、実施期間満了後又は一定期間ごとに交付されるもので、事業年度末に未収の金額がある場合、対象事業の実施に伴って当期に計上した費用に対応する金額を、未収助成金等として計上する。

対象事業及び実施期間が定められている助成金、補助金等の注記

30.　対象事業及び実施期間が定められている助成金、補助金等で、当期に受取助成金又は受取補助金として活動計算書に計上したものは、使途等が制約された寄付金等に該当するので、その助成金や補助金等ごとに受入金額、減少額及び事業年度末の残高を注記する。

Ⅷ　財務諸表の注記

財務諸表の注記

31.　財務諸表には、次の事項を注記する。

（1）重要な会計方針

　　　資産の評価基準及び評価方法、固定資産の減価償却方法、引当金の計上基準、施設の提供等の物的サービスを受けた場合の会計処理方法、ボランティアによる役務の提供を受けた場合の会計処理の取扱い等、財務諸表の作成に関する重要な会計方針

（2）重要な会計方針を変更したときは、その旨、変更の理由及び当該変更による影響額

（3）事業費の内訳又は事業別損益の状況を注記する場合には、その内容

（4）施設の提供等の物的サービスを受けたことを財務諸表に記載する場合には、受入れたサービスの明細及び計算方法

（5）ボランティアとして、活動に必要な役務の提供を受けたことを財務諸表に記載する場合には、受入れたボランティアの明細及び計算方法

（6）使途等が制約された寄付等の内訳

（7）固定資産の増減の内訳

（8）借入金の増減の内訳

（9）役員及びその近親者との取引の内容〔注7〕

（10）その他NPO法人の資産、負債及び正味財産の状態並びに正味財産の増減の状況を明らかにするために必要な事項

第1部　NPO法人会計基準

ＮＰＯ法人会計基準注解

〔注 1〕── 活動計算書の表示方法

活動計算書の区分表示
1.　活動計算書は経常収益、経常費用、経常外収益及び経常外費用に区分する。

経常収益
2.　経常収益は、ＮＰＯ法人の通常の活動から生じる収益で、受取会費、受取寄付金、受取助成金等、事業収益及びその他収益等に区分して表示する。

受取会費

084p《Q&A》12-2　将来の会費の入金があった場合の会計処理は？

3.　翌期以後に帰属すべき受取会費の前受額は、当期の収益とせずに負債の部に前受会費として計上しなければならない。

経常費用
4.　経常費用は、ＮＰＯ法人の通常の活動に要する費用で、費用の性質を表わす形態別に把握し、人件費とその他経費に区分して表示しなければならない。

人件費

105p《Q&A》14-3　人件費にはどのようなものがあるか？
106p《Q&A》14-4　役員の人件費の科目は？

5.　人件費は、役員報酬、給料手当、臨時雇賃金、福利厚生費、退職給付費用等をいう。

その他経費
6.　その他経費は、経常費用のうち、人件費以外のものをいう。

経常外収益

083p《Q&A》9-2　経常外収益、経常外費用とは？

7.　経常外収益は、ＮＰＯ法人の通常の活動以外から生じる収益で、固定資産売却益等の臨時利益又は過年度損益修正益等が該当する。
　　ただし、金額の僅少なもの又は毎期経常的に発生するものは、経常収益の区分に記載することができる。

経常外費用

8. 経常外費用は、ＮＰＯ法人の通常の活動以外から生じる費用又は損失で、固定資産売却損等の臨時損失又は過年度損益修正損等が該当する。

　　ただし、金額の僅少なもの又は毎期経常的に発生するものは、経常費用の区分に記載することができる。

〔注 2〕── 貸借対照表の表示方法及び計上額

貸借対照表の区分表示

9. 貸借対照表は、資産の部、負債の部及び正味財産の部に区分する。資産の部は流動資産及び固定資産に区分し、固定資産は、有形固定資産、無形固定資産及び投資その他の資産に区分する。負債の部は流動負債及び固定負債に区分する。

資産の貸借対照表価額

10. 資産の貸借対照表価額は、原則として、当該資産の取得価額に基づき計上しなければならない。

　　ただし、資産の時価が著しく下落したときは、回復の見込みがあると認められる場合を除き、時価をもって貸借対照表価額としなければならない。

114p《Q&A》19-3　時価が著しく下落したときとは？

棚卸資産

11. 棚卸資産は、取得価額をもって貸借対照表価額とする。ただし、時価が取得価額よりも下落した場合は、時価をもって貸借対照表価額とすることができる。

固定資産

12. 有形固定資産及び無形固定資産は、取得価額から減価償却累計額を差し引いた価額をもって貸借対照表価額とする。

　　固定資産の取得価額は、購入の代価に、運送、据え付け等のための付随費用を加えた価額をいう。

特定資産

13. 特定の目的のために資産を有する場合には、流動資産の部又は固定資産の部において当該資産の保有目的を示す独立の科目で表示する。

151p《Q&A》27-3　特定資産とは何か？

第1部　NPO法人会計基準

外貨建債権債務

14.　外国通貨、外貨建金銭債権債務（外貨預金を含む）、外貨建有価証券等については、決算時の為替相場に基づく円換算額を付する。

リース取引

121p《Q&A》20-2　売買取引に準ずる処理とは？
123p《Q&A》20-3　レンタルとの違いは？

15.　リース取引については、事実上物件の売買と同様の状態にあると認められる場合には、売買取引に準じて処理する。ただし、重要性が乏しい場合には、賃貸借取引に準じて処理することができる。

引当金

115〜116p《Q&A》19-4〜5
貸倒引当金、退職給付引当金は計上しなければいけないか？

16.　将来の特定の費用又は損失であって、その発生が当期以前の事象に起因し、発生の可能性が高く、かつその金額を合理的に見積ることができる場合には、当期の負担に属する金額を当期の費用又は損失として引当金に繰入れる。

注解

〔注 3〕── 財産目録

財産目録の記載価額

17.　財産目録の記載価額は、貸借対照表における計上金額と同一とする。ただし、金銭評価ができず貸借対照表に記載のない資産については、その物量をもって計上することができる。

〔注 4〕── 事業費と管理費の区分

事業費

101p《Q&A》14-1　事業費・管理費とは具体的には？
102p《Q&A》14-2　事業費と管理費の区分の方法は？

18.　事業費は、NPO法人が目的とする事業を行うために直接要する人件費及びその他経費をいう。

管理費

19.　管理費は、NPO法人の各種の事業を管理するための費用で、総会及び理事会の開催運営費、管理部門に係る役職員の人件費、管理部門に係る事務所の賃借料及び光熱費等のその他経費をいう。

事業費及び管理費の形態別分類

20.　事業費及び管理費は、それぞれ人件費及びその他経費に区分したう

023

えで、形態別に表示しなければならない。

〔注 5〕── 使途等が制約された寄付等の内訳の注記

使途等が制約された寄付等の内訳の注記

21. 使途等が制約された寄付等の内訳の注記は以下のように行う。

    (1) 正味財産のうち使途等が制約された寄付等の金額に対応する金額。

    (2) 制約の解除による当期減少額は次のいずれかの金額による。

    ① 受入れた資産について制約が解除された場合、当該資産の帳簿価額。

    ② 受入れた資産について減価償却を行った場合、当該減価償却費の額。ただし備品又は車両等については、対象となる資産を購入して、対象の事業に使用したときに制約の解除とみなして当該取得額を減少額とすることができる。

    ③ 受入れた資産が災害等により消失した場合には、当該資産の帳簿価額。

    (3) 返還義務のある助成金、補助金等の取扱い

    返還義務のある助成金、補助金等について、受取助成金及び受取補助金として計上した場合、当該計上額を当期受入額として記載する。

    なお、助成金及び補助金の合計額並びに未使用額は備考欄に記載することが望ましい。

147p《Q&A》27-1 使途の制約が解除された場合とは？

〔注 6〕── 使途等が制約された寄付等で 重要性が高い場合の取扱い

使途等が制約された寄付等で重要性が高い場合の取扱い

22. 使途等が制約された寄付等で重要性が高い場合には、次のように処理する。

    (1) 貸借対照表の正味財産の部を、指定正味財産及び一般正味財産に区分する。

    (2) 活動計算書は、一般正味財産増減の部及び指定正味財産増減の部に区分する。

    (3) 使途等が制約された寄付等を受入れた場合には、当該受入資産の額を貸借対照表の指定正味財産の部に記載する。また寄付等に

148p《Q&A》27-2 重要性が高い場合の会計処理は？

より当期中に受入れた資産の額は活動計算書の指定正味財産増減の部に記載する。

(4) 使途等が制約された資産について、制約が解除された場合には、当該解除部分に相当する額を指定正味財産から一般正味財産に振り替える。

(5) 指定正味財産から一般正味財産への振替額の内訳は財務諸表に注記する。

〔注 7〕── 役員及びその近親者との取引の注記

役員及び近親者の範囲

156p《Q&A》31-1　役員及び近親者との取引を注記する場合は？

23.　役員及びその近親者は、以下のいずれかに該当する者をいう。

(1) 役員及びその近親者。（2親等内の親族）

(2) 役員及びその近親者が支配している法人。

注記の除外

156p《Q&A》31-1　役員及び近親者との取引を注記する場合は？

24.　役員に対する報酬、賞与及び退職慰労金の支払は注記を要しない。

別表 1 —— 活動計算書の科目

　以下に示すものは、一般によく使われると思われる科目のうち、主なものを示したものです。したがって該当がない場合は使用する必要はありませんし、利用者の理解に支障がなければまとめてもかまいません。また、適宜の科目を追加することができます。

勘 定 科 目	科 目 の 説 明
Ⅰ 経常収益	
1. 受取会費	
正会員受取会費	
賛助会員受取会費	
2. 受取寄付金	
受取寄付金	
資産受贈益	無償又は著しく低い価格で現物資産の提供を受けた場合の公正価値による評価額。
施設等受入評価益	無償又は著しく低い価格で施設の提供等の物的サービスを受けた場合で、当該サービスを合理的に算定し外部資料等によって客観的に把握できる場合に、その他経費と同額計上する方法を選択した場合。
ボランティア受入評価益	ボランティアから役務の提供を受けた場合で、当該役務の金額を、合理的に算定し外部資料等によって客観的に把握できる場合として、人件費と同額計上する方法を選択した場合。
3. 受取助成金等	
受取助成金	補助金や助成金の交付者の区分によって受取民間助成金、受取国庫補助金等に区分することができる。
受取補助金	
4. 事業収益	事業の種類ごとに区分して表示することができる。
5. その他収益	
受取利息	
為替差益	為替換算による差益。なお為替差損がある場合は相殺して表示する。
雑収益	
Ⅱ 経常費用	
1. 事業費	
(1)人件費	
役員報酬	役員に対する報酬等（使用人兼務分を除く）のうち、事業に直接かかわる部分。
給料手当	使用人兼務役員の使用人部分を含む。
臨時雇賃金	
ボランティア評価費用	活動の原価の算定に必要なボランティアの受入額。
法定福利費	
退職給付費用	退職給付見込額のうち当期に発生した費用。
通勤費	給料手当、福利厚生費に含める場合もある。
福利厚生費	
(2)その他経費	
売上原価	販売用棚卸資産を販売した時の原価。
業務委託費	
諸謝金	講師等に対する謝礼金。

勘 定 科 目	科 目 の 説 明
印刷製本費	
会議費	
旅費交通費	
車両費	車に関する費用をまとめる場合。内容により他の科目に表示することもできる。
通信運搬費	電話代や郵送物の送料など。
消耗品費	
修繕費	
水道光熱費	電気代、ガス代、水道代など。
地代家賃	事務所や駐車場代など。
賃借料	事務機器のリース料など。不動産の使用料をここに入れることも可能。
施設等評価費用	無償でサービスの提供を受けた場合の費用相当額。
減価償却費	
保険料	
諸会費	
租税公課	収益事業に対する法人税等は租税公課とは別に表示することが望ましい。なお、法人税等を別表示する際には、活動計算書の末尾に表示し、税引前当期正味財産増減額から法人税等を差し引いて当期正味財産増減額を表示することが望ましい（様式1参照）
研修費	
支払手数料	
支払助成金	
支払寄付金	
支払利息	金融機関等からの借り入れに係る利子・利息
為替差損	為替換算による差損。なお為替差益がある場合は相殺して表示する。
雑費	
2. 管理費	
(1)人件費	
役員報酬	役員に対する報酬等（使用人兼務分を除く）のうち、運営管理にかかわる部分。
給料手当	使用人兼務役員の使用人部分を含む。
法定福利費	
退職給付費用	退職給付見込額のうち当期に発生した費用。
通勤費	給料手当、福利厚生費に含める場合もある。
福利厚生費	
(2)その他経費	
印刷製本費	
会議費	
旅費交通費	

勘 定 科 目	科 目 の 説 明
車両費	車に関する費用をまとめる場合。内容により他の科目に表示することもできる。
通信運搬費	電話代や郵送物の送料など。
消耗品費	
修繕費	
水道光熱費	電気代、ガス代、水道代など。
地代家賃	事務所や駐車場代など。
賃借料	事務機器のリース料など。不動産の使用料をここに入れることも可能。
減価償却費	
保険料	
諸会費	
租税公課	収益事業に対する法人税等は租税公課とは別に表示することが望ましい。なお、法人税等を別表示する際には、活動計算書の末尾に表示し、税引前当期正味財産増減額から法人税等を差し引いて当期正味財産増減額を表示することが望ましい（様式1参照）
支払手数料	
支払利息	金融機関等からの借り入れに係る利子・利息
雑費	
Ⅲ経常外収益	
固定資産売却益	
過年度損益修正益	過年度に関わる項目を当期に一括して修正処理をした場合。
Ⅳ経常外費用	
固定資産除・売却損	
災害損失	
過年度損益修正損	過年度に関わる項目を当期に一括して修正処理をした場合。
経理区分振替額	
経理区分振替額	その他事業がある場合の事業間振替額。

第1部　NPO法人会計基準

別表 2 —— 貸借対照表の科目

　以下に示すものは、一般によく使われると思われる科目のうち、主なものを示したものです。したがって該当がない場合は使用する必要はありませんし、利用者の理解に支障がなければまとめてもかまいません。また、適宜の科目を追加することができます。

勘　定　科　目	科　目　の　説　明
Ⅰ資産の部	
1. 流動資産	
現金預金	
未収金	商品の販売によるものも含む。
棚卸資産	商品、貯蔵品等として表示することもできる。
短期貸付金	
前払金	
仮払金	
立替金	
○○特定資産	目的が特定されている資産で流動資産に属するもの。目的を明示する。
貸倒引当金（△）	
2. 固定資産	
(1)有形固定資産	
建物	建物付属設備を含む。
構築物	
車両運搬具	
什器備品	
土地	
建設仮勘定	工事の前払金や手付金など、建設中又は制作中の固定資産。
(2)無形固定資産	
ソフトウェア	購入あるいは制作したソフトの原価。
(3)投資その他の資産	
投資有価証券	長期に保有する有価証券。
敷金	返還されない部分は含まない。
差入保証金	返還されない部分は含まない。
長期貸付金	
長期前払費用	
○○特定資産	目的が特定されている資産で固定資産に属するもの。目的を明示する。
Ⅱ負債の部	
1. 流動負債	
短期借入金	返済期限が事業年度末から1年以内の借入金。
未払金	商品の仕入れによるものも含む。
前受金	
仮受金	
預り金	
2. 固定負債	
長期借入金	返済期限が1年を超える借入金。
退職給付引当金	退職給付見込額の期末残高。
Ⅲ正味財産の部	
1. 正味財産	
前期繰越正味財産	
当期正味財産増減額	

別表1・2

029

様式 1 —— 活動計算書

活 動 計 算 書

××年×月×日から××年×月×日まで

(単位：円)

科　　目	金	額	
Ⅰ 経常収益			
1. 受取会費			
正会員受取会費	×××		
賛助会員受取会費	×××	×××	
2. 受取寄付金			
受取寄付金	×××		
施設等受入評価益	×××	×××	
3. 受取助成金等			
受取民間助成金		×××	
4. 事業収益			
○○事業収益		×××	
5. その他収益			
受取利息	×××		
雑収益	×××	×××	
経常収益計			×××
Ⅱ 経常費用			
1. 事業費			
(1)人件費			
役員報酬	×××		
給料手当	×××		
法定福利費	×××		
福利厚生費	×××		
‥‥‥‥	×××		
人件費計	×××		
(2)その他経費			
会議費	×××		
旅費交通費	×××		
施設等評価費用	×××		
‥‥‥‥	×××		
‥‥‥‥	×××		
その他経費計	×××		
事業費計		×××	
2. 管理費			
(1)人件費			
役員報酬	×××		
給料手当	×××		
法定福利費	×××		
福利厚生費	×××		
‥‥‥‥	×××		
人件費計	×××		

科　　　目	金		額	
(2)その他経費				
会議費	×××			
旅費交通費	×××			
………	×××			
………	×××			
その他経費計	×××			
管理費計		×××		
経常費用計			×××	
当期経常増減額			×××	
Ⅲ経常外収益				
1.固定資産売却益		×××		
………		×××		
経常外収益計			×××	
Ⅳ経常外費用				
1.過年度損益修正損		×××		
………		×××		
経常外費用計			×××	
税引前当期正味財産増減額			×××	
法人税、住民税及び事業税			×××	
当期正味財産増減額			×××	
前期繰越正味財産額			×××	
次期繰越正味財産額			×××	

様式 2 —— 貸借対照表

貸 借 対 照 表
××年×月×日現在

(単位：円)

科　　　　　目	金		額
Ⅰ資産の部			
1. 流動資産			
現金預金	×××		
未収金	×××		
……	×××		
流動資産合計		×××	
2. 固定資産			
(1)有形固定資産			
車両運搬具	×××		
什器備品	×××		
……	×××		
有形固定資産計	×××		
(2)無形固定資産			
ソフトウェア	×××		
……	×××		
無形固定資産計	×××		
(3)投資その他の資産			
敷金	×××		
○○特定資産	×××		
……	×××		
投資その他の資産計	×××		
固定資産合計		×××	
資産合計			×××
Ⅱ負債の部			
1. 流動負債			
未払金	×××		
前受助成金	×××		
……	×××		
流動負債合計		×××	
2. 固定負債			
長期借入金	×××		
退職給付引当金	×××		
……	×××		
固定負債合計		×××	
負債合計			×××
Ⅲ正味財産の部			
前期繰越正味財産		×××	
当期正味財産増減額		×××	
正味財産合計			×××
負債及び正味財産合計			×××

第1部　NPO法人会計基準

様式 3 ── 財務諸表の注記

以下に示すものは、想定される注記について網羅的に示したものです。
該当事項がない場合は記載不要です。

<u>**財務諸表の注記**</u>

１．重要な会計方針
　財務諸表の作成は、ＮＰＯ法人会計基準（2010 年 7 月 20 日　2017 年 12 月 12 日最終改正　ＮＰ
Ｏ法人会計基準協議会）によっています。
　(1)　固定資産の減価償却の方法
　　　…………………………………………………
　(2)　引当金の計上基準
　・退職給付引当金
　　従業員の退職給付に備えるため、当期末における退職給付債務に基づき当期末に発生している
　　と認められる金額を計上しています。なお、退職給付債務は期末自己都合要支給額に基づいて
　　計算しています。
　・○○引当金
　　　…………………………………………………
　(3)　施設の提供等の物的サービスを受けた場合の会計処理
　　施設の提供等の物的サービスの受入れは、活動計算書に計上しています。
　　また計上額の算定方法は「4．施設の提供等の物的サービスの受入の内訳」に記載しています。
　(4)　ボランティアによる役務の提供
　　ボランティアによる役務の提供は、「5．活動の原価の算定にあたって必要なボランティアによ
　　る役務の提供の内訳」として注記しています。
　(5)　消費税等の会計処理
　　　…………………………………………………

２．会計方針の変更
　　　…………………………………………………

様式2・3

033

３．事業費の内訳

（単位：円）

科　　　目	Ａ事業費	Ｂ事業費	Ｃ事業費	Ｄ事業費	合　　　計
(1) 人件費					
役員報酬	×××	×××	×××	×××	×××
給料手当	×××	×××	×××	×××	×××
臨時雇賃金	×××	×××	×××	×××	×××
………	×××	×××	×××	×××	×××
………	×××	×××	×××	×××	×××
人件費計	×××	×××	×××	×××	×××
(2) その他経費					
業務委託費	×××	×××	×××	×××	×××
旅費交通費	×××	×××	×××	×××	×××
………	×××	×××	×××	×××	×××
………	×××	×××	×××	×××	×××
その他経費計	×××	×××	×××	×××	×××
合　　　計	×××	×××	×××	×××	×××

４．施設の提供等の物的サービスの受入の内訳

（単位：円）

内　　容	金　額	算定方法
○○体育館の無償利用	×××	○○体育館使用料金表によっています。

５．活動の原価の算定にあたって必要なボランティアによる役務の提供の内訳

（単位：円）

内　　容	金　額	算定方法
○○事業相談員 ■名×■日間	×××	単価は××地区の最低賃金によって算定しています。

６．使途等が制約された寄付等の内訳

　使途等が制約された寄付等の内訳は以下の通りです。

　当法人の正味財産は×××円ですが、そのうち×××円は、下記のように使途が特定されています。

　したがって使途が制約されていない正味財産は×××円です。

（単位：円）

内　　容	期首残高	当期増加額	当期減少額	期末残高	備　　考
○○地震被災者援助事業		××××	××××	××××	支援用物資。翌期に配布を予定しています。
△△財団助成××事業		××××	××××		助成金の総額は××円です。当期増加額との差額××円は前受助成金として貸借対照表に計上しています。
合　　計		××××	××××	××××	

７．固定資産の増減内訳

（単位：円）

科　　目	期首取得価額	取　　得	減　　少	期末取得価額	減価償却累計額	期末帳簿価額
有形固定資産						
什器備品	××××	××××	××××	××××	△××××	××××
……	××××	××××	××××	××××	△××××	××××
無形固定資産						
……	××××	××××	××××	××××	△××××	××××
投資その他の資産						
……	××××	××××	××××	××××		××××
合　　計	××××	××××	××××	××××	△××××	××××

８．借入金の増減内訳

（単位：円）

科　　目	期首残高	当期借入	当期返済	期末残高
長期借入金	××××		××××	××××
役員借入金	××××			××××
合　　計	××××		××××	××××

９．役員及びその近親者との取引の内容

役員及びその近親者との取引は以下の通りです。

（単位：円）

科　　目	財務諸表に計上された金額	内、役員との取引	内、近親者及び支配法人等との取引
（活動計算書）			
受取寄付金	××××	××××	××××
委託料	××××	××××	××××
活動計算書計	××××	××××	××××
（貸借対照表）			
未払金	××××	××××	××××
役員借入金	××××	××××	××××
貸借対照表計	××××	××××	××××

様式 4 —— その他の事業がある場合の活動計算書

活 動 計 算 書

××年×月×日から××年×月×日まで

(単位：円)

科　　　目	特定非営利活動に係る事業	その他の事業	合　　計
Ⅰ経常収益			
1. 受取会費			
正会員受取会費	×××		×××
2. 受取寄付金			
受取寄付金	×××		×××
施設等受入評価益	×××		×××
3. 受取助成金等			
受取民間助成金	×××		×××
4. 事業収益			
○○事業収益	×××		×××
△△事業収益		×××	×××
5. その他収益			
受取利息	×××		×××
雑収益	×××		×××
経常収益計	×××	×××	×××
Ⅱ経常費用			
1. 事業費			
(1)人件費			
役員報酬	×××	×××	×××
給料手当	×××	×××	×××
法定福利費	×××	×××	×××
福利厚生費	×××	×××	×××
人件費計	×××	×××	×××
(2)その他経費			
会議費	×××		×××
旅費交通費	×××	×××	×××
施設等評価費用	×××		×××
‥‥‥‥	×××	×××	×××
その他経費計	×××	×××	×××
事業費計	×××	×××	×××
2. 管理費			
(1)人件費			
役員報酬	×××		×××
給料手当	×××		×××
法定福利費	×××		×××
福利厚生費	×××		×××
‥‥‥‥	×××		×××
人件費計	×××		×××

科　　　　目	特定非営利活動に係る事業	その他の事業	合　　　計
(2)その他経費			
会議費	×××		×××
旅費交通費	×××		×××
………	×××		×××
………	×××		×××
その他経費計	×××		×××
管理費計	×××		×××
経常費用計	×××	×××	×××
当期経常増減額	×××	×××	×××
Ⅲ経常外収益			
1.固定資産売却益	×××		×××
………	×××		×××
経常外収益計	×××		×××
Ⅳ経常外費用			
1.過年度損益修正損	×××		×××
………	×××		×××
経常外費用計	×××		×××
経理区分振替額	×××	△×××	×××
当期正味財産増減額	×××	×××	×××
前期繰越正味財産額	×××	×××	×××
次期繰越正味財産額	×××	×××	×××

様式 5 —— 財産目録

財 産 目 録

××年×月×日現在

(単位：円)

科　　　目	金	額	
Ⅰ 資産の部			
1. 流動資産			
現金預金			
手元現金	×××		
××銀行普通預金	×××		
未収金			
××事業未収金	×××		
………	×××		
流動資産合計		×××	
2. 固定資産			
(1)有形固定資産			
什器備品			
パソコン1台	×××		
応接セット	×××		
………	×××		
有形固定資産計	×××		
(2)無形固定資産			
ソフトウェア			
財務ソフト	×××		
無形固定資産計	×××		
(3)投資その他の資産			
敷金	×××		
○○特定資産			
××銀行定期預金	×××		
投資その他の資産計	×××		
固定資産合計		×××	
資産合計			×××
Ⅱ 負債の部			
1. 流動負債			
未払金			
事務用品購入代	×××		
預り金			
源泉所得税預り金	×××		
流動負債合計		×××	
2. 固定負債			
長期借入金			
××銀行借入金	×××		
固定負債合計		×××	
負債合計			×××
正味財産			×××

第 2 部

実務担当者のための
ガイドライン

記載例

記載例 1

記載例 2

記載例 3

記載例 4

財産目録の
記載例

《Q&A》

第2部 実務担当者のためのガイドライン

パターン分類された記載例

記載例

　記載例はあくまでも例示ですので、この通りの様式で作成しなければいけないというものではありません。それぞれのＮＰＯ法人が工夫をして作成してください。できることなら、すべての記載例に目を通してください。複数の記載例に目を通す必要があるＮＰＯ法人もあります。

「ＮＰＯ法人会計基準」Ⅰ～Ⅳ
（014p～016p）に対応

[記載例 1]
現預金以外に資産・負債がない場合
　　　活動計算書·······················042
　　　貸借対照表·······················043
　　　財務諸表の注記··················043

「ＮＰＯ法人会計基準」Ⅰ～Ⅴ
（014p～017p）に対応

[記載例 2]
現預金以外に資産・負債がある場合
　　　活動計算書·······················044
　　　貸借対照表·······················046
　　　財務諸表の注記··················047

「ＮＰＯ法人会計基準」Ⅵ
（018p）に対応

[記載例 3]
特定非営利活動に係る事業とその他の事業を行なっている場合
　　　活動計算書·······················050
　　　貸借対照表·······················052
　　　財務諸表の注記··················053

「ＮＰＯ法人会計基準」Ⅶ
（018p）に対応

[記載例 4]
ＮＰＯ法人に特有の取引等がある場合
　　　活動計算書·······················056
　　　貸借対照表·······················058
　　　財務諸表の注記··················059

[財産目録の記載例] ··················063

[記載例 1] —— 現預金以外に資産・負債がない場合

(名称) ××××

活 動 計 算 書

××年×月×日から××年×月×日まで

(単位：円)

科　　　目	金　　　額	
Ⅰ 経常収益		
1. 受取会費	700,000	
2. 受取寄付金	290,000	
3. その他収益	10,000	
経常収益計		1,000,000
Ⅱ 経常費用		
1. 事業費		
(1)人件費		
臨時雇賃金	200,000	
人件費計	200,000	
(2)その他経費		
旅費交通費	300,000	
通信運搬費	100,000	
その他経費計	400,000	
事業費計		600,000
2. 管理費		
(1)人件費		
人件費計	0	
(2)その他経費		
印刷製本費	150,000	
通信運搬費	100,000	
雑費	50,000	
その他経費計	300,000	
管理費計		300,000
経常費用計		900,000
当期正味財産増減額		100,000
前期繰越正味財産額		200,000
次期繰越正味財産額		300,000

受取会費は確実に入金されることが明らかな場合を除き、実際に入金したときに計上します。詳細は《Q&A》12-1〜12-3 をご参照ください。

経常費用は、「事業費」と「管理費」に分けます。
事業費と管理費の意味については、《Q&A》14-1、事業費と管理費の按分の方法については、《Q&A》14-2 を参照ください。

「事業費」と「管理費」について、それぞれ「人件費」と「その他経費」に分けたうえで、支出の形態別（旅費交通費、通信運搬費など）に内訳を記載します。事業費を事業の種類別に表示したり、事業部門別、管理部門別に損益を表示する場合には[記載例 2]の注記の2をご参照ください。

現預金以外に資産・負債がない場合には、当期の現預金の増減額を表します。

前期の活動計算書の「次期繰越正味財産額」を記載します。

活動計算書の「次期繰越正味財産額」と、貸借対照表の「正味財産合計」は一致します。

第2部　実務担当者のためのガイドライン

記載例1

(名称)　××××

貸　借　対　照　表

××年×月×日現在

(単位：円)

科　　目	金　　額		
Ⅰ 資産の部			
1. 流動資産			
現金預金	300,000		
流動資産合計		300,000	
2. 固定資産			
固定資産合計		0	
資産合計			300,000
Ⅱ 負債の部			
1. 流動負債			
流動負債合計		0	
2. 固定負債			
固定負債合計		0	
負債合計			0
Ⅲ 正味財産の部			
前期繰越正味財産		200,000	
当期正味財産増減額		100,000	
正味財産合計			300,000
負債及び正味財産合計			300,000

活動計算書の「次期繰越正味財産額」と、貸借対照表の「正味財産合計」は一致します。

「重要な会計方針」の一番最初に、この財務諸表がNPO法人会計基準によっていることを記載します。

財務諸表の注記

1. 重要な会計方針

　　財務諸表の作成は、ＮＰＯ法人会計基準（2010 年 7 月 20 日　2017 年 12 月 12 日最終改正　ＮＰＯ法人会計基準協議会）によっています。

043

[記載例 2] ── 現預金以外に資産・負債がある場合

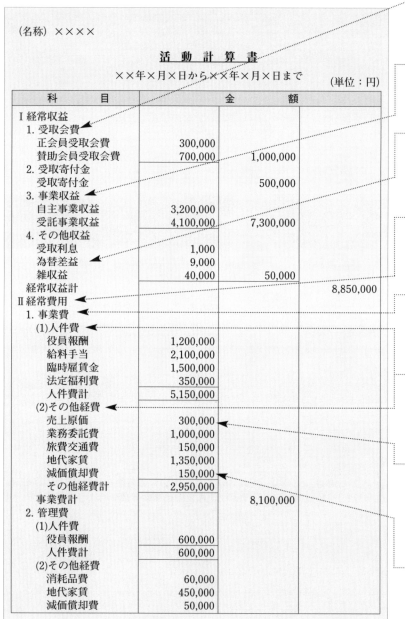

第2部　実務担当者のためのガイドライン

ＮＰＯ法人の通常の活動以外によって生じる収益・費用がある場合には、「経常外収益」「経常外費用」を記載しますが、該当する項目がない場合には、省略することが可能です（経常外収益、経常外費用の記載方法は、［記載例3］をご参照ください）。

科　　目	金　　額		
支払手数料	100,000		
雑費	50,000		
その他経費計	710,000		
管理費計		1,310,000	
経常費用計			9,410,000
当期正味財産増減額			△560,000
前期繰越正味財産額			3,260,000
次期繰越正味財産額			2,700,000

当期の正味財産の増減額を示します。

前期の活動計算書の「次期繰越正味財産額」を記入します。

貸借対照表の「正味財産合計」と一致します。

記載例2

045

(名称)××××

貸 借 対 照 表
×× 年 × 月 × 日現在

(単位：円)

科　　　目	金　　　額		
Ⅰ 資産の部			
1. 流動資産			
現金預金	2,000,000		
未収金	500,000		
棚卸資産	200,000		
流動資産合計		2,700,000	
2. 固定資産			
(1)有形固定資産			
車両運搬具	1,950,000		
有形固定資産計	1,950,000		
固定資産合計		1,950,000	
資産合計			4,650,000
Ⅱ 負債の部			
1. 流動負債			
未払金	1,800,000		
預り金	150,000		
流動負債合計		1,950,000	
2. 固定負債			
固定負債合計		0	
負債合計			1,950,000
Ⅲ 正味財産の部			
前期繰越正味財産		3,260,000	
当期正味財産増減額		△560,000	
正味財産合計			2,700,000
負債及び正味財産合計			4,650,000

すでに商品を販売したり、サービスを提供しているが、まだお金を回収していないものは「未収金」として計上します。

商品・製品・貯蔵品等で、事業年度末に販売していないものは、活動計算書には計上せず、「棚卸資産」として貸借対照表に計上します。

時の経過とともに価値の減少する固定資産は、減価償却をした残額を貸借対照表に計上します（固定資産を取得価額で計上し、減価償却累計額を控除する間接法でもよい）。重要性が乏しい場合に、活動計算書に一括して費用として計上した場合には、貸借対照表には計上しません。
固定資産に計上するか、消耗品費等の費用に計上するかについては、《Q&A》19-1 を参照ください。

活動計算書の「次期繰越正味財産額」に一致します。

第2部　実務担当者のためのガイドライン

財務諸表の注記

> 「重要な会計方針」の最初に、この財務諸表がNPO法人会計基準によっていることを記載します。

1. 重要な会計方針

　　財務諸表の作成は、ＮＰＯ法人会計基準(2010年7月20日　2017年12月12日最終改正　ＮＰＯ法人会計基準協議会) によっています。
- (1) 棚卸資産の評価基準及び評価方法
　　棚卸資産の評価基準は原価基準により、評価方法は総平均法によっています。
- (2) 固定資産の減価償却の方法
　　有形固定資産は、法人税法の規定に基づいて定率法で償却をしています。
- (3) 消費税等の会計処理
　　消費税等の会計処理は税込経理方式によっています。

> 事業の種類別に内訳を明示するかどうかは法人の任意です。
> 内訳を表示する場合に、事業費の内訳を事業別に表示するパターン、収益も含めて事業別及び管理部門別に損益の状況を表示するパターンが考えられます。

〈例1　事業費の内訳を事業別に表示するパターン〉

> 活動計算書の事業費を、事業の種類別に表示します。複数の事業に共通する事業費は、従事割合や面積割合などで各事業に按分します。具体的な方法は、《Q&A》22-2 をご参照ください。

2. 事業費の内訳

　　事業費の区分は以下の通りです

(単位：円)

科　　目	A事業費	B事業費	C事業費	合　　計
(1)人件費				
役員報酬	600,000	600,000		1,200,000
給料手当	900,000	1,200,000		2,100,000
臨時雇賃金			1,500,000	1,500,000
法定福利費	150,000	200,000		350,000
人件費計	1,650,000	2,000,000	1,500,000	5,150,000
(2)その他経費				
売上原価	300,000			300,000
業務委託費		200,000	800,000	1,000,000
旅費交通費	50,000	30,000	70,000	150,000
地代家賃	450,000	450,000	450,000	1,350,000
減価償却費	50,000	50,000	50,000	150,000
その他経費計	850,000	730,000	1,370,000	2,950,000
合　　計	2,500,000	2,730,000	2,870,000	8,100,000

> 活動計算書の「1. 事業費」の金額と一致します。

047

〈例2　収益も含めて、事業別及び管理部門別に損益の状況を表示するパターン〉

> 経常収益のうち、各事業に結びつく収益は、各事業に配分し、事業別に損益の状況を表示します。また、特定の事業に結びつかない収益及び管理費は、管理部門に表示します。具体的な方法は《Q&A》22-2 をご参照ください。

2．事業別損益の状況

事業別損益の状況は以下の通りです

(単位：円)

科　　　目	A事業	B事業	C事業	事業部門計	管理部門	合　計
Ⅰ経常収益						
1. 受取会費					1,000,000	1,000,000
2. 受取寄付金		200,000		200,000	300,000	500,000
3. 事業収益	2,500,000	1,900,000	2,900,000	7,300,000		7,300,000
4.その他収益					50,000	50,000
経常収益計	2,500,000	2,100,000	2,900,000	7,500,000	1,350,000	8,850,000
Ⅱ経常費用						
(1)人件費						
役員報酬	600,000	600,000		1,200,000	600,000	1,800,000
給料手当	900,000	1,200,000		2,100,000		2,100,000
臨時雇賃金			1,500,000	1,500,000		1,500,000
法定福利費	150,000	200,000		350,000		350,000
人件費計	1,650,000	2,000,000	1,500,000	5,150,000	600,000	5,750,000
(2)その他経費						
売上原価	300,000			300,000		300,000
業務委託費		200,000	800,000	1,000,000		1,000,000
旅費交通費	50,000	30,000	70,000	150,000		150,000
地代家賃	450,000	450,000	450,000	1,350,000	450,000	1,800,000
減価償却費	50,000	50,000	50,000	150,000	50,000	200,000
消耗品費					60,000	60,000
支払手数料					100,000	100,000
雑費					50,000	50,000
その他経費計	850,000	730,000	1,370,000	2,950,000	710,000	3,660,000
経常費用計	2,500,000	2,730,000	2,870,000	8,100,000	1,310,000	9,410,000
当期経常増減額	0	△630,000	30,000	△600,000	40,000	△560,000

> 管理費は、「事業部門計」の横の「管理部門」の欄に表示し、「合計」で、法人全体の費用を費用の形態別（勘定科目別）に表します。

> 事業別損益の「事業部門計」、「管理部門」、「合計」の欄の「経常費用計」の金額は、それぞれ活動計算書の「事業費計」、「管理費計」、「経常費用計」に一致します。

3. 固定資産の増減内訳

(単位：円)

科　　　　目	期首取得価額	取　　得	減　少	期末取得価額	減価償却累計額	期末帳簿価額
車両運搬具	2,500,000	1,700,000		4,200,000	△2,250,00	1,950,000
合　　計	2,500,000	1,700,000	0	4,200,000	△2,250,00	1,950,000

期首に所有している固定資産の取得価額を記載します

今期に取得した固定資産の取得価額を記載します。無償でいただいた固定資産も含みます

今期に売却・除却等をした固定資産の取得価額を記載します

期末に所有している固定資産の取得価額を記載します

過去の減価償却費の合計金額を記載します

期末に所有している固定資産の取得価額から減価償却累計額を控除した金額を記載します

4. 役員及びその近親者との取引の内容

役員及びその近親者との取引は以下の通りです

(単位：円)

科　　　　目	財務諸表に計上された金額	内、役員との取引	内、近親者及び支配法人との取引
（活動計算書）			
給料手当（事業費）	2,100,000	1,500,000	0
地代家賃（事業費）	1,350,000	0	1,200,000
活動計算書計	3,450,000	1,500,000	1,200,000

給料手当に計上した金額のうち、役員に対して支払った金額を記載します。役員に対して支払った金額のうち活動計算書に「役員報酬」として計上している金額は、注記には記載する必要はありません。

役員及び近親者（2親等内の親族。配偶者も含みます）及びこれらの者が支配している法人との取引がある場合には、勘定科目ごとに財務諸表に注記をします。
ただし、金額的に重要性が乏しい場合には注記の必要はありません。
具体的には、活動計算書に属する取引については100万円以下、貸借対照表に属する取引については、発生金額及び残高が100万円以下の取引は、金額的に重要性が乏しいと考えます。
詳細は、《Q&A》31-1をご参照ください。

[記載例 3] ── 特定非営利活動に係る事業とその他の事業を行なっている場合

（名称）××××

活 動 計 算 書

××年×月×日から××年×月×日まで

(単位：円)

科　　目	特定非営利活動に係る事業	その他の事業	合　　計
Ⅰ 経常収益			
1. 受取会費			
正会員受取会費	400,000		400,000
賛助会員受取会費	1,690,000		1,690,000
2. 受取寄付金			
受取寄付金	500,000		500,000
3. 事業収益			
A事業収益	5,000,000		5,000,000
B事業収益	8,000,000		8,000,000
C事業収益	3,600,000		3,600,000
D事業収益		1,000,000	1,000,000
4. その他収益			
受取利息	1,000		1,000
雑収益	49,000		49,000
経常収益計	19,240,000	1,000,000	20,240,000
Ⅱ 経常費用			
1. 事業費			
(1)人件費			
役員報酬	2,000,000		2,000,000
給料手当	3,300,000	150,000	3,450,000
臨時雇賃金	3,000,000		3,000,000
法定福利費	700,000		700,000
人件費計	9,000,000	150,000	9,150,000
(2)その他経費			
業務委託費	2,600,000	40,000	2,640,000
旅費交通費	300,000	50,000	350,000
地代家賃	3,000,000		3,000,000
減価償却費	400,000		400,000
雑費	200,000		200,000
その他経費計	6,500,000	90,000	6,590,000
事業費計	15,500,000	240,000	15,740,000
2. 管理費			
(1)人件費			
役員報酬	1,200,000		1,200,000
給料手当	1,200,000		1,200,000
人件費計	2,400,000	0	2,400,000
(2)その他経費			
業務委託費	1,500,000		1,500,000

定款上、その他の事業を記載している場合には、区分して表示します。

特定非営利活動に係る事業とその他の事業を合算した全体の数字を明示します。

定款にその他の事業を掲げているが、実際にはその他の事業を行なっていない場合には、その他の事業の欄を設ける必要はありません。ただし、その場合には、活動計算書の脚注に「今年度はその他の事業を実施していません」と表示します。

科　　　　目	特定非営利活動に係る事業	その他の事業	合　　計
地代家賃	600,000		600,000
雑費	100,000		100,000
その他経費計	2,200,000	0	2,200,000
管理費計	4,600,000	0	4,600,000
経常費用計	20,100,000	240,000	20,340,000
当期経常増減額	△860,000	760,000	△100,000
Ⅲ 経常外収益			
1. 固定資産売却益			
2. 過年度損益修正益			
経常外収益計	0	0	0
Ⅳ 経常外費用			
1. 固定資産除却損	200,000		200,000
2. 過年度損益修正損			
経常外費用計	200,000	0	200,000
経理区分振替額	900,000	△900,000	0
当期正味財産増減額	△160,000	△140,000	△300,000
前期繰越正味財産額	1,660,000	140,000	1,800,000
次期繰越正味財産額	1,500,000	0	1,500,000

経常外収益、経常外費用には、NPO法人の通常の活動以外によって生じる収益・費用を記載します。企業会計の特別利益・特別損失に相当するものです。該当する項目がない場合には、省略することも可能です。詳細は、《Q&A》9-2 をご参照ください。

その他の事業で得た利益を特定非営利活動に係る事業に振替える場合には、「当期正味財産増減額」の上で、「経理区分振替額」を計上します。

貸借対照表の「正味財産合計」と一致します。

以下のように、その他の事業を行なっている場合でも、貸借対照表の区分経理を省略することができます。
《Q&A》23-2 をご参照ください。

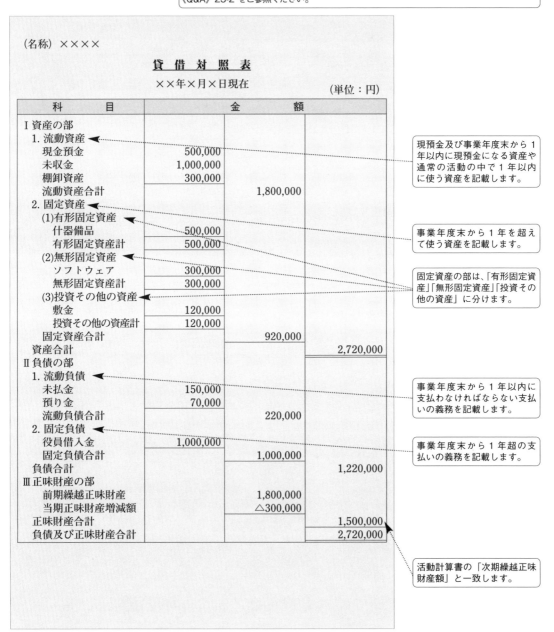

第2部　実務担当者のためのガイドライン

財務諸表の注記

1. **重要な会計方針**
　　財務諸表の作成は、ＮＰＯ法人会計基準（2010年7月20日　2017年12月12日最終改正　ＮＰＯ法人会計基準協議会）によっています。
　(1) 棚卸資産の評価基準及び評価方法
　　　棚卸資産の評価基準は原価基準により、評価方法は総平均法によっています。
　(2) 固定資産の減価償却の方法
　　　法人税法の規定に基づいて、有形固定資産は定率法で、無形固定資産は定額法で償却をしています。
　(3) 消費税等の会計処理
　　　消費税等は税込経理により処理しています。

2. **事業費の内訳**

> 事業の種類ごとに内訳を明示するかどうかは法人の任意です。ここでは事業費の内訳を明示していますが、収益も含めて、事業別及び管理部門別に損益の状況を表示することも可能です。

　　事業費の区分は以下の通りです

（単位：円）

科　　　目	特定非営利活動に係る事業			その他の事業	合　　計
	A事業費	B事業費	C事業費	D事業費	
(1)人件費					
役員報酬	1,000,000	500,000	500,000		2,000,000
給料手当	1,000,000	1,000,000	1,300,000	150,000	3,450,000
臨時雇賃金		3,000,000			3,000,000
法定福利費	300,000	150,000	250,000		700,000
人件費計	2,300,000	4,650,000	2,050,000	150,000	9,150,000
(2)その他経費					
業務委託費	2,000,000		600,000	40,000	2,640,000
旅費交通費	50,000	200,000	50,000	50,000	350,000
地代家賃	800,000	1,200,000	1,000,000		3,000,000
減価償却費	200,000	200,000			400,000
雑費	100,000	50,000	50,000		200,000
その他経費計	3,150,000	1,650,000	1,700,000	90,000	6,590,000
合　　計	5,450,000	6,300,000	3,750,000	240,000	15,740,000

記載例3

053

3. 固定資産の増減内訳

(単位：円)

科　　　　目	期首取得価額	取　　得	減　　少	期末取得価額	減価償却累計額	期末帳簿価額
有形固定資産 　什器備品	1,000,000			1,000,000	△500,000	500,000
無形固定資産 　ソフトウェア		350,000		350,000	△50,000	300,000
投資その他の資産 　敷金	120,000			120,000		120,000
合　　　計	1,120,000	350,000	0	1,470,000	△550,000	920,000

4. 借入金の増減内訳

(単位：円)

科　　　　目	期首残高	当期借入	当期返済	期末残高
役員借入金	1,200,000		200,000	1,000,000

5. 役員及びその近親者との取引の内容

役員及びその近親者との取引は以下の通りです。

(単位：円)

科　　　　目	財務諸表に計上された金額	内、役員との取引	内、近親者及び支配法人との取引
（活動計算書） 業務委託費（事業費）	2,640,000	0	2,000,000
活動計算書計	2,640,000	0	2,000,000

第2部　実務担当者のためのガイドライン

記載例3

[記載例 4] —— NPO法人に特有の取引等がある場合

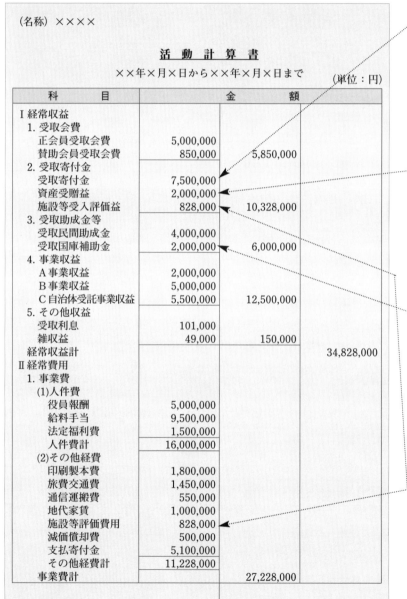

科　　　　目	金　　　額		
2. 管理費			
(1)人件費			
役員報酬	1,000,000		
給料手当	1,000,000		
法定福利費	100,000		
人件費計	2,100,000		
(2)その他経費			
通信運搬費	250,000		
消耗品費	250,000		
地代家賃	200,000		
減価償却費	100,000		
雑費	100,000		
その他経費計	900,000		
管理費計		3,000,000	
経常費用計			30,228,000
当期正味財産増減額			4,600,000
前期繰越正味財産額			10,400,000
次期繰越正味財産額			15,000,000

貸借対照表の「正味財産合計」と一致します。

記載例4

(名称) ××××

貸 借 対 照 表

××年×月×日現在

(単位：円)

科　　目	金　　額		
Ⅰ 資産の部			
1. 流動資産			
現金預金	2,300,000		
○○援助事業用預金	3,000,000		
流動資産合計		5,300,000	
2. 固定資産			
(1)有形固定資産			
車両運搬具	1,500,000		
有形固定資産計	1,500,000		
(2)無形固定資産			
ソフトウェア	200,000		
無形固定資産計	200,000		
(3)投資その他の資産			
○○基金事業用預金	10,000,000		
投資その他の資産計	10,000,000		
固定資産合計		11,700,000	
資産合計			17,000,000
Ⅱ 負債の部			
1. 流動負債			
未払金	130,000		
前受助成金	1,000,000		
預り金	100,000		
流動負債合計		1,230,000	
2. 固定負債			
役員借入金	770,000		
固定負債合計		770,000	
負債合計			2,000,000
Ⅲ 正味財産の部			
前期繰越正味財産		10,400,000	
当期正味財産増減額		4,600,000	
正味財産合計			15,000,000
負債及び正味財産合計			17,000,000

寄付者との約束を守るなどの目的で、他の資産と区分して分別管理し、かつ、「目的を明示する勘定科目を使用することが財務諸表利用者にとってわかりやすい」とNPO法人が判断した場合に、その目的と内容が分かる名称で、流動資産の部、固定資産の部に、それぞれ表示します。詳細は《Q&A》27-3をご参照ください。

現物寄付を受けた固定資産は、公正な評価額で貸借対照表に計上し、減価償却を行ないます。

対象事業や実施期間が定められていて、未使用額の返還義務が規定されている補助金や助成金については、事業年度末における未使用額を負債の部に計上します。《Q&A》28-1をご参照ください。

活動計算書の「次期繰越正味財産額」と一致します。

第2部　実務担当者のためのガイドライン

財務諸表の注記

1. **重要な会計方針**

　　財務諸表の作成は、ＮＰＯ法人会計基準（2010 年 7 月 20 日　2017 年 12 月 12 日最終改正　ＮＰＯ法人会計基準協議会）によっています。

　(1) 固定資産の減価償却の方法

　　　有形固定資産は、法人税法の規定に基づいて定率法で償却をしています。

　(2) 施設の提供等の物的サービスを受けた場合の会計処理

　　　施設の提供等の物的サービスの受入れは、活動計算書に計上しています。また計上額の算定方法は「3．施設の提供等の物的サービスの受入の内訳」に記載しています。

　(3) ボランティアによる役務の提供

　　　ボランティアによる役務の提供は、「4．活動の原価の算定にあたって必要なボランティアによる役務の提供の内訳」として注記しています。

　(4) 消費税等の会計処理

　　　消費税は税込経理によっています。

施設の提供等の物的サービスの受け入れやボランティアの受け入れを活動計算書に計上したり、財務諸表に注記したりする場合には、その旨を「重要な会計方針」に記載します。

記載例4

2. 事業別損益の状況

> 事業の種類ごとに内訳を明示するかどうかは法人の任意です。ここでは事業別及び管理部門別に損益の状況を明示していますが、事業費のみを表示することも可能です。

事業別損益の状況は以下の通りです

(単位：円)

科　　目	A事業	B事業	C事業	事業部門計	管理部門	合　計
Ⅰ経常収益						
1. 受取会費					5,850,000	5,850,000
2. 受取寄付金	828,000	6,000,000		6,828,000	3,500,000	10,328,000
3. 受取助成金等	4,000,000	2,000,000		6,000,000		6,000,000
4. 事業収益	2,000,000	5,000,000	5,500,000	12,500,000		12,500,000
5.その他収益					150,000	150,000
経常収益計	6,828,000	13,000,000	5,500,000	25,328,000	9,500,000	34,828,000
Ⅱ経常費用						
(1)人件費						
役員報酬	2,000,000	3,000,000		5,000,000	1,000,000	6,000,000
給料手当	1,500,000	3,000,000	5,000,000	9,500,000	1,000,000	10,500,000
法定福利費	300,000	650,000	550,000	1,500,000	100,000	1,600,000
人件費計	3,800,000	6,650,000	5,550,000	16,000,000	2,100,000	18,100,000
(2)その他経費						
印刷製本費	1,800,000			1,800,000		1,800,000
旅費交通費	850,000	350,000	250,000	1,450,000		1,450,000
通信運搬費	150,000	200,000	200,000	550,000	250,000	800,000
地代家賃	200,000	300,000	500,000	1,000,000	200,000	1,200,000
施設等評価費用	828,000			828,000		828,000
減価償却費	500,000			500,000	100,000	600,000
支払寄付金		5,100,000		5,100,000		5,100,000
消耗品費					250,000	250,000
雑費					100,000	100,000
その他経費計	4,328,000	5,950,000	950,000	11,228,000	900,000	12,128,000
経常費用計	8,128,000	12,600,000	6,500,000	27,228,000	3,000,000	30,228,000
当期経常増減額	△1,300,000	400,000	△1,000,000	△1,900,000	6,500,000	4,600,000

3. 施設の提供等の物的サービスの受入の内訳

(単位：円)

内　　容	金　額	算　定　方　法
○○体育館の無償利用	828,000	○○体育館使用料金表によっています。

> 施設提供等の評価やボランティアの受入評価を活動計算書に計上する場合には、外部資料等によって客観的に把握できることが必要です。詳細は、《Q&A》25-1、26-3～26-5 をご参照ください。

第2部　実務担当者のためのガイドライン

4．活動の原価の算定にあたって必要なボランティアによる役務の提供の内訳

(単位：円)

内　　　容	金　　額	算　定　方　法
弁護士　10時間	100,000	日本弁護士連合会から出されている「市民のための弁護士報酬の目安」から、1時間の法律相談の料金を1万円として計算しています。
A事業相談員 3名×10日間	72,000	単価は○○地区の最低賃金によっています。

> ボランティア受入評価を財務諸表に注記する場合には、その金額を合理的に算定できなければいけません。詳細は、《Q&A》26-1〜26-5 をご参照ください。

5．使途等が制約された寄付等の内訳

　　使途等が制約された寄付等の内訳は以下の通りです。当法人の正味財産は 15,000,000 円ですが、そのうち 13,000,000 円は○○援助事業と○○基金事業に使用される財産です。したがって、使途が制約されていない正味財産は 2,000,000 円です。

> 使途等に制約のある寄付金、補助金、助成金等を受け入れた場合には、その指定された事業ごとに期首残高、当期の増加額、当期の減少額（実施額）、期末残高（＝使途が拘束されている正味財産額）を注記します。

(単位：円)

内　　　容	期首残高	当期増加額	当期減少額	期末残高	備　　　考
○○援助事業	0	5,000,000	2,000,000	3,000,000	翌期に使用予定の支援用資金
○○基金事業	10,000,000	0	0	10,000,000	A事業のための基金
○○助成団体助成金	0	4,000,000	4,000,000	0	助成金の総額は5,000,000円。当期増加額との差額1,000,000円は前受助成金として貸借対照表に計上しています。
○○自治体補助金	0	2,000,000	2,000,000	0	B事業の補助金
合　　計	10,000,000	11,000,000	8,000,000	13,000,000	

> 対象事業及び実施期間が定められ、未使用額の返還義務が規定されている助成金・補助金を未収経理、前受経理をした場合には、「当期増加額」には、実際の入金額ではなく、活動計算書に計上した金額を記載します。実際の入金額は「備考」欄に記載することが望ましいです。

記載例4

061

6. 固定資産の増減内訳

(単位：円)

科　　　目	期首取得価額	取　　得	減　　少	期末取得価額	減価償却累計額	期末帳簿価額
有形固定資産						
車両運搬具		2,000,000		2,000,000	△500,000	1,500,000
無形固定資産						
ソフトウェア	300,000			300,000	△100,000	200,000
投資その他の資産						
C基金事業用預金	10,000,000			10,000,000		10,000,000
合　　　計	10,300,000	2,000,000	0	12,300,000	△600,000	11,700,000

7. 借入金の増減内訳

(単位：円)

科　　　目	期首残高	当期借入	当期返済	期末残高
役員借入金	0	1,000,000	230,000	770,000

8. 役員及びその近親者との取引の内容

役員及びその近親者との取引は以下の通りです。

(単位：円)

科　　　目	財務諸表に計上された金額	内、役員との取引	内、近親者及び支配法人との取引
（活動計算書）			
受取寄付金	10,328,000	2,000,000	0
活動計算書計	10,328,000	2,000,000	0

第2部　実務担当者のためのガイドライン

[財産目録の記載例]

[記載例2] に対応した財産目録です。

(名称) ××××

財　産　目　録
××年×月×日現在

(単位：円)

科　　目	金	額	
I 資産の部			
1. 流動資産			
現金預金			
手許現金	50,000		
○○銀行	1,000,000		
ゆうちょ銀行	950,000		
未収金			
××市	370,000		
利用者○名	130,000		
棚卸資産			
販売用書籍	200,000		
流動資産合計		2,700,000	
2. 固定資産			
(1)有形固定資産			
車両運搬具			
障害者送迎用自動車　3台	1,950,000		
什器備品			
歴史的資料	評価せず		
有形固定資産計	1,950,000		
固定資産合計		1,950,000	
資産合計			4,650,000
II 負債の部			
1. 流動負債			
未払金			
△月分給与	1,650,000		
△月分社会保険料	150,000		
預り金			
源泉所得税	50,000		
社会保険料	100,000		
流動負債合計		1,950,000	
2. 固定負債			
固定負債合計		0	
負債合計			1,950,000
正味財産			2,700,000

財産目録には、金銭評価ができない資産も「評価せず」として財産目録に記載することができます。

記載例4

財産目録の記載例

ＮＰＯ法人会計基準の《Q&A》

　「ＮＰＯ法人会計基準の《Q&A》」は、「ＮＰＯ法人会計基準」に対応する形で作成されています。

　会計基準と同様に、現預金以外に資産や負債がないＮＰＯ法人は、Ⅰ～Ⅳを見てください。

　商品、製品の売買、サービスの提供、行政からの委託事業などを行なう場合や固定資産の購入などがある等で、現預金以外に資産や負債がある場合は、Ⅰ～Ⅳの他に、Ⅴも見てください。

　ＮＰＯ法に規定するその他の事業を行なっている場合には、Ⅰ～Ⅴの他に、Ⅵも見てください。

　現物寄付や、ボランティアの受け入れ、使い道に指定のある寄付の受け入れ、助成金・補助金の受け入れなどがある場合には、Ⅰ～Ⅵの他に、Ⅶも見てください。

　また、財務諸表の注記についてはⅧを見てください。

　「ＮＰＯ法人会計基準の《Q&A》」に付されている番号は、会計基準の番号に対応しています。例えば、《Q&A》の、「14-1　事業費や管理費とは具体的にどのようなものですか？」は、会計基準の「14.　ＮＰＯ法人の通常の活動に要する費用は、事業費及び管理費に区分し、かつそれぞれを人件費及びその他経費に区分して表示する。」に対応しています。

　なお、ＮＰＯ法の改正に伴い「◆その他の事項」として「ＮＰＯ法人会計基準と所轄庁の示す手引きとの間で異なる部分がありますが、どう考えたらいいのでしょうか？」という《Q&A》が追加されました。

Ⅰ　ＮＰＯ法人会計基準の目的 ——《Q&A》 ………………… *071*
Ⅱ　一般原則 ——《Q&A》 ……………………………………… *072*
Ⅲ　財務諸表の体系と構成 ——《Q&A》 ……………………… *079*
Ⅳ　収益及び費用の把握と計算—その１ ——《Q&A》 ……… *084*
Ⅴ　収益及び費用の把握と計算—その２ ——《Q&A》 ……… *110*
Ⅵ　その他の事業を実施する場合の区分経理 ——《Q&A》 … *130*
Ⅶ　ＮＰＯ法人に特有の取引等 ——《Q&A》 ………………… *132*
Ⅷ　財務諸表の注記 ——《Q&A》 ……………………………… *156*
◆　その他の事項 ——《Q&A》 ………………………………… *159*

Ⅰ　ＮＰＯ法人会計基準の目的

1-1　ＮＰＯ法人会計基準に書いていない事項は、企業会計に準拠する　→071p
　　　のでしょうか？　具体的にどのような事項があるでしょうか？

Ⅱ　一般原則

4-1　「ＮＰＯ法人は適時かつ正確に作成した会計帳簿に基づいて財務諸　→072p
　　　表を作成しなければならない」とありますが、「適時に」とは、具
　　　体的にどれくらいの頻度を言うのでしょうか？

5-1　会計方針を変更してよい場合とは、具体的にどのような場合です　→074p
　　　か？　また、会計方針を変更した場合には具体的にどう記載しま
　　　すか？

6-1　助成金事業や委託事業を行なっている場合、その部分だけ区分し　→076p
　　　て財務諸表を作成することが要求されることがあります。この会
　　　計基準との関係はどうなりますか？

7-1　重要性の原則の考え方について説明してください　→077p

Ⅲ　財務諸表の体系と構成

8-1　貸借対照表と活動計算書は何を表すものですか？　→079p

9-1　「活動計算書は、当該事業年度に発生した収益、費用及び損失を計　→080p
　　　上することにより……」とありますが、「当該事業年度に発生した」
　　　とはどのような意味ですか？

9-2　「経常外収益」「経常外費用」は「経常収益」「経常費用」とどう違　→083p
　　　いますか？　固定資産を現物でもらった場合や高額な寄付をもら
　　　った場合は経常外収益ですか？

Ⅳ　収益及び費用の把握と計算 ― その1

12-1　未収会費を計上するのは、どのような場合ですか？　→084p

12-2　将来の会費もまとめて入金してきた場合には、どう会計処理をす　→084p
　　　るのですか？

12-3　介護サービスを受けるための会費のようなものも、通常の会費と　→085p
　　　同じ取り扱いでよいですか？

13-1　「受取寄付金は、確実に入金されることが明らかになった場合に収　→086p
　　　益として計上する」とありますが、「確実に入金されることが明ら
　　　かになった場合」とは具体的にどのような場合をいうのでしょう
　　　か？

13-2　クレジットカードにより寄付をする場合には、寄付者がクレジッ　→087p
　　　トの情報を入力し、送信した時点で収益に計上することはできま
　　　すか？

13-3　寄付を仲介する団体を通して寄付を受けた場合には、いつの時点　→089p
　　　で収益に計上をしますか？

13-4　寄付に対して返礼品を提供する場合、受取寄付金として計上する　→091p
　　　ことができるでしょうか？

13-5　「受取寄付金は、確実に入金されることが明らかになった場合に収　→093p

益として計上する」とありますが、現物で寄付を受取る場合には、いつの時点で収益に計上するのですか？

095p← 13-6 換金型の現物寄付で、換金主体が寄付者である場合とは具体的にはどのような場合ですか？　その場合の会計処理はどうなりますか？

097p← 13-7 換金型の現物寄付で、換金主体がＮＰＯ法人である場合とはどのような場合ですか？　その場合の会計処理はどうなりますか？

099p← 13-8 遺贈寄付を受けた場合には、いつの時点で収益に計上するのですか？

101p← 14-1 事業費や管理費とは具体的にどのようなものですか？

102p← 14-2 常勤の職員がいないような小規模なＮＰＯ法人で、事業部門と管理部門が明瞭に分かれていない場合には、どのように事業費と管理費を区分したらいいのですか？

105p← 14-3 人件費にはどのようなものがありますか？

106p← 14-4 役員への人件費の支払いは、どのような科目で計上するのですか？　また、ＮＰＯ法による報酬を受けた役員の報告とは、どのような関係になっているのですか？

108p← 15-1 「消耗品の購入等で少額のものは、実際に支払ったときに費用として計上することができる」とありますが、棚卸資産に計上しなくてもよい金額とは、いくらぐらいまでのものですか？

109p← 16-1 「電話代、電気代、家賃等定期的に支払う費用は、実際に支払ったときに費用として計上することができる」とありますが、「定期的に支払う費用」とは他にどのようなものがありますか？

Ｖ　収益及び費用の把握と計算 ― その 2

110p← 18-1 物品の販売を実施している場合の売上原価の表示方法について説明してください

112p← 19-1 固定資産に計上する場合と、消耗品費等の費用に計上する場合の考え方について説明してください

112p← 19-2 ソフトウェアは資産になるのですか？

114p← 19-3 注解の第10項に「資産の時価が著しく下落したときは、回復の見込みがあると認められる場合を除き、時価をもって貸借対照表価額としなければならない」とありますが、「時価が著しく下落したとき」とはどのような場合でしょうか？

115p← 19-4 貸倒引当金は計上しなければいけないのですか？

116p← 19-5 退職給付引当金は計上しなければいけないのですか？

118p← 20-1 減価償却の手続きとは何でしょうか？　必ず行なわなければいけないのでしょうか？

121p← 20-2 注解の第15項に、「リース取引が事実上物件の売買と同様の状態にあると認められる場合には、売買取引に準じて処理することができる。ただし、重要性が乏しい場合には、賃貸借取引に準じて処理することができる。」とありますが、「売買取引に準ずる処理」とはどのような処理ですか？

20-3	リースに似たものとしてレンタルがありますが、違いは何ですか？	→123p
21-1	外貨建取引が発生したときの円換算や、期末に資産・負債があるときの円換算はどのようにして行なうのでしょうか？	→124p
22-1	複数の事業を行なっている場合には、事業費をその事業ごとに区分しなければいけないのですか？	→126p
22-2	事業部門と管理部門に共通する経費や、複数の事業に共通する経費はどのように按分するのですか？	→127p

Ⅵ　その他の事業を実施する場合の区分経理

23-1	定款にその他の事業を掲げているが、実際にはその他の事業を行なっていない場合には、活動計算書はどのように作成するのですか？	→130p
23-2	その他の事業を実施している場合でも、貸借対照表は区分をしなくてもよいですか？	→130p

Ⅶ　ＮＰＯ法人に特有の取引等

24-1	寄付してもらった資産は公正な評価額で計上すると記載されていますが、公正な評価額とは具体的にどのようなものですか？	→132p
24-2	寄付してもらった棚卸資産を販売して対価を得た場合には、活動計算書にどのように表示したらよいですか？	→133p
24-3	寄付してもらった棚卸資産を期末まで所有している場合には、活動計算書と貸借対照表にどのように表示したらよいですか？	→134p
25-1	無償又は著しく低い価格で施設の提供等の物的サービスを受けた場合の会計上の基本的な考え方を説明してください	→135p
26-1	ボランティアによる役務の提供を受けた場合の会計上の基本的な考え方を説明してください	→137p
26-2	ボランティアの受け入れについて、「活動の原価の算定に必要なボランティアによる役務の提供」とは具体的にどのようなケースですか？	→140p
26-3	無償又は著しく低い価格で施設の提供等の物的サービスを受けた場合やボランティアの受け入れをした場合において、「合理的に算定できる場合」や「客観的に把握できる場合」とは具体的にどのような場合ですか？	→142p
26-4	無償又は著しく低い価格の施設の提供等による物的サービスの受け入れやボランティアの受け入れに関する財務諸表の注記の方法について教えてください	→143p
26-5	無償又は著しく低い価格の施設の提供等による物的サービス等を受け入れた場合やボランティアの受け入れをした場合で、活動計算書へ計上する場合はどのように表示したらよいですか？	→145p
27-1	使途が制約された寄付金等について、制約が解除された場合とは具体的にはどのような状況を意味するのでしょうか？	→147p
27-2	使途が制約された寄付金等について重要性が高い場合の会計処理	→148p

について具体例を挙げて説明してください

151p← 27-3 特定資産とはなんですか？

151p← 28-1 未使用額の返還義務がある使途が制約された補助金等について、対象事業の途中で決算期末を迎えた場合の会計処理を、具体例を挙げて説明してください

154p← 29-1 後払いの補助金等（補助金等の交付が対象事業終了後となるもの）の会計処理について、具体例を挙げて説明してください

Ⅷ 財務諸表の注記

156p← 31-1 役員及びその近親者との取引を注記するのはなぜですか？　金額にかかわらずすべて注記するのですか？

◆ その他の事項

159p← 50-1 ＮＰＯ法人会計基準と所轄庁の示す手引きとの間で異なる部分がありますが、どう考えたらいいのでしょうか？

第2部　実務担当者のためのガイドライン

《Q & A》

I　NPO法人会計基準の目的 ——《Q&A》

> **Q** | 1-1 | NPO法人会計基準に書いていない事項は、企業会計に準拠するのでしょうか？
> 具体的にどのような事項があるでしょうか？

「NPO法人会計基準の性格と
基本的考え方」は、011～013p

A　今回公表となったNPO法人会計基準は、「NPO法人会計基準の性格と基本的考え方」の中で「必要なことのすべてを漏らすことなく網羅しているとは必ずしもいえない。今後、このNPO法人会計基準が普及し、NPO法人に定着していく過程で、再度議論され、より適合的なNPO法人会計基準が形成されていくことを期待している。」と述べているようにすべての会計処理を網羅しているものではありません。その結果、個々の具体的な会計処理を行なう場合どのように処理すべきなのか疑問が出てくる場合もあると思います。

そのような場合に参考となるのが他の会計基準です。他の会計基準といえば、ご質問の利益獲得を目的とする営利法人を対象とした企業会計を想定されるかもしれませんが、利益獲得を主目的とはしていない非営利法人を対象とする非営利法人の会計が存在します。営利の世界と同等あるいはそれ以上の非営利の世界があるのです。NPO法人は非営利法人であり、非営利法人の会計も参考となるものと考えます。

こうした営利、非営利の各種の会計基準の中から、NPO法人の会計として適切と思われるものを法人自ら検討し、準拠していただくことになります。

NPO法人会計基準に書かれていない事項の具体的な例としては、棚卸資産の評価方法、減価償却方法、引当金の計上、外貨換算などがあり、他の会計基準を参照して、その処理方法を行なうことになります。採用した会計処理については、重要な会計方針として注記することが必要になります。

この《Q&A》での説明は、こうした、他の会計基準を参照して、その処理方法を決める際の参考として使用していただけると考えています。

とは言え、当然NPO法人会計基準に書いていない事項であり、NPO法人会計基準が普及し、NPO法人に定着していく過程であることより、試行錯誤は出てくるものと思っています。この試行錯誤については、避けて通ることはできないものであると考えていただき、大いに試行錯誤を行な

っていただきたいと思います。そのような試行錯誤を繰り返す中で改めてNPO法人会計基準の議論が出てきた時に、会計の実務の中に慣習として発達したものの中からNPO法人会計の基準として一般に公正妥当と認められるところを集約し、より適切なNPO法人会計基準を形成していただくことを期待しています。その形成の過程では、これも、「NPO法人会計基準の性格と基本的考え方」の中で記載されていることですが、「市民の期待とそれにこたえるべきNPO法人の責任の双方にふさわしい会計基準とはいかなるものであるか」の視点であることは忘れてはならないものと考えます。

Ⅱ 一般原則 ——《Q&A》

Q 4-1 「NPO法人は適時かつ正確に作成した会計帳簿に基づいて財務諸表を作成しなければならない」とありますが、「適時に」とは、具体的にどれくらいの頻度を言うのでしょうか？

A NPO法人会計基準第4項（適時性・正確性）には、「NPO法人は適時かつ正確に作成した会計帳簿に基づいて財務諸表を作成しなければならない」とされています。

財務諸表を作成するために、会計帳簿では、①全ての取引を発生順（日付け順）に記録する機能と、②取引を勘定科目毎に記録し合計額を算出する機能の二つが必要と考えられています。

手作業中心の会計帳簿では、①の機能を「仕訳帳」の作成、②の機能を「総勘定元帳」の作成としてきましたが、目的である機能が達成されれば、必ずしも形式にこだわる必要はありません。

現金に関する全ての取引を日付順に記録した「現金出納帳」や、同様に預金の取引を日付順に記録した「預金出納帳」は、多くのNPO法人でも作成されていると思いますが、これらは①の機能を果たしています。②の機能を果たす総勘定元帳には、現金出納帳や預金出納帳と、現預金以外の取引を仕訳した振替伝票からすべての取引が勘定科目毎に転記され、その合計金額から活動計算書及び貸借対照表を作成することになります。

現金出納帳は、現金管理と記帳の正確性を確保する観点から、帳簿残高と現金の実際有高を照合し、不一致が生じた場合に原因を判明できる範囲の期間に記帳することが必要です。不一致が生じた場合は、記帳に間違いがある可能性があり、その原因を調査して訂正する必要があるからです。従って、現金の動きがあったときはその都度毎日作成することが原則です。ただし、法人によっては現金を取り扱う日を週1回、月1回など定めている

「NPO法人会計基準第4項」は、015p

場合もありますから、そのような場合は現預金の動きのあった日ごとに記帳すればよいでしょう。預金出納帳についても、最低でも1月に1回は作成することが原則です。

規模や活動内容が多様であるために一律に「適時」を規定することはできません。しかし、決算時期に1年分をまとめて処理するようなことには問題があります。

総勘定元帳は出納記録や振替伝票作成の都度記帳することが望ましいのですが、実務上は週1回、月1回など定期的に作成すればよいでしょう。会計ソフトでは、現金出納帳・預金出納帳などを入力すると自動的に総勘定元帳も作成されます。また多桁式の現金出納帳などを使えば、現金取引に関しては現金出納帳が総勘定元帳の役割も果たします。

〈多桁式現金出納帳記載例〉多桁式現金出納帳

日付	前日残高	入金			出金			当日残高
		事業収益	受取会費	受取寄付金	交通費	地代家賃	通信運搬費	
……	……	……	……	……	……	……	……	……
7/13	2,300		3,000	20,000	300			25,000
……	……	……	……	……	……	……	……	……
……	……	……	……	……	……	……	……	……
合計	30,000	50,000	20,000	60,000	5,000	50,000	80,000	45,000

なお現金出納帳は、法人が所有する現金が動いた日付で記帳します。例えばスタッフが経費を個人の現金から支払い（立替払い）、後日、法人の経理担当者が精算した場合、現金出納帳に記載する日付はスタッフが立替えた日（領収証やレシートの日付）ではなく、法人が経費を精算した日付で記帳します。領収証の日付は摘要欄などに記載します。さかのぼって現金残高を修正するようなことはしてはなりません。帳簿上の現金残高と手許にある実際の現金残高を一致させることが重要です。

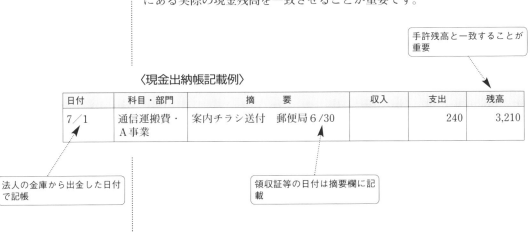

〈現金出納帳記載例〉

日付	科目・部門	摘要	収入	支出	残高
7/1	通信運搬費・A事業	案内チラシ送付　郵便局6/30		240	3,210

手許残高と一致することが重要

法人の金庫から出金した日付で記帳

領収証等の日付は摘要欄に記載

また、事業年度末までにスタッフが立替払いしている経費を精算できなかったような場合には、スタッフに対する未払金になりますので、決算で「未払金」を計上し、翌事業年度に、精算したときには、現金出納帳には「未払金」（未払金を精算したという意味）と記帳をします。

〈例〉会場費３万円を、スタッフが立替払いをし、事業年度末までに精算しなかった

〈事業年度末〉

借方	金額	借方	金額	摘　　　要
会議費・Ａ事業	30,000	未払金	30,000	●●セミナー会場費　●●氏立替分精算

会場費３万円を活動計算書に計上

●●氏に対する未払（未精算）分３万円を貸借対照表に計上

〈（精算時）現金出納帳記載例〉

日付	科目・部門	摘　　　要	収入	支出	残高
4／10	未払金	セミナー会場費　●●氏立替分精算		30,000	1,500

Q 5-1 会計方針を変更してよい場合とは、具体的にどのような場合ですか？
また、会計方針を変更した場合具体的にどう記載しますか？

A まず会計方針とは、財務諸表を作成するために採用した会計処理の原則、手続き、表示方法のことですが、ＮＰＯ法人が一度採用した会計方針は、原則として毎期継続して適用しみだりにこれを変更してはなりません。これはＮＰＯ法第27条第４項及びＮＰＯ法人会計基準第５項（継続性）にもあるとおり「継続性の原則」と呼ばれるもので、その理由は恣意性の排除と比較可能性の維持です。つまり、自由に変更を認めると、それを利用して事実と異なる報告をしようとしたり、前期と比較しようとしても意味がないものになってしまったりするからです。

　しかしながら会計処理等の変更が全く認められないわけではありません。変更が認められる場合というのは、いわゆる「正当な理由」がある場合です。

　つまり、一つの取引について、いずれも妥当と認められた、いくつかの会計方針がある場合において、正当な理由により、従来採用している会計

「ＮＰＯ法人会計基準第５項」は、015p

方針から他の会計方針へ変更することができます。

　そして、このような会計方針の変更を行なった場合、この変更に重要性がある場合にはその変更の旨、変更理由及び従来の処理と比べた場合の影響額を財務諸表に注記することが必要となります（ＮＰＯ法人会計基準第31項（2））。

「ＮＰＯ法人会計基準第31項（2）」は、020p

　なお、明らかに従来の処理方法が誤っていて、誤りに気付いて正しい理由により変える場合は、変更というよりも当然の修正といえます。ただ、変更があった事実と影響額を注記することは必要です。

　正当な理由の判断基準としては以下のようなものが挙げられます。
①会計基準等の新たな制定・改正に伴い行なわれるものであること（ただし、このＮＰＯ法人会計基準を採用した場合は、これまで会計基準が存在していなかったことにより、継続性の変更には当らない、と考えています。）
②法人の事業活動・内容及び経営環境の変化に対応して行なわれるものであること
③取引を財務諸表に今まで以上に、より適切に反映するために行なわれるものであること
④事実と異なる報告をしようとするなどの不正処理を目的としていないこと
⑤一般に妥当と認められるＮＰＯ会計の基準（従来より適切と認められている処理慣行及びＮＰＯ法人会計基準など）に照らして妥当であること

具体的ケースの検討

　例えば、前年度まで現金主義（現金預金の収支ベースで処理する方法）で処理していたものを当年度より発生主義（その事実が発生した年度に対応させて処理する方法）により未収金、未払金などをたてて処理する方法へ変更する場合です。

　具体例を挙げれば以下のとおりです。

①当事業年度末において確実に後日入金予定の未収の会費が100万円あった場合、以下の処理を入れます。
　　（借）未収会費　100万円　　（貸）会費収入　100万円
②当事業年度末において備品を購入したが代金50万円が未払いの場合、以下の処理を入れます。
　　（借）備品　　　50万円　　（貸）未払金　　　50万円

重要な会計方針の変更があった場合の注記の具体的記載例

〈例〉定期的な費用を現金主義で処理していたものを未払金計上に変えた場合

> 従来、業務委託費については現金主義で処理していましたが、金額的にも重要性があり、費用の期間対応をより適切に行なうため、当事業年度より、既に業務が終了し支払金額が確定しているものについては未払金を計上することとしました。この変更の結果、前事業年度に比べ、活動計算書において、事業費の業務委託費が×××円増加し、当期経常増減額及び当期正味財産増減額が同額減少しています。

表示方法の変更と会計方針の変更

表示方法とは、一般に財務諸表項目の科目分類、科目配列及び報告様式をいい、表示方法の変更には、貸借対照表の流動資産あるいは固定資産の区分や活動計算書の経常収益、経常費用等の同一区分内での勘定科目の区分掲記、統合あるいは勘定科目名の変更等を行なうものと、当該区分を超えて表示方法を変更するものがあります。

金額的に重要性が高まったことにより、貸借対照表の流動資産の「その他」に含まれている「未収金」や「仮払金」等を独立して区分掲記する場合や、活動計算書の「経常費用」の「事業費」の「雑費」に含まれていたものを「○○費用」として独立して区分掲記する場合などは、前者に属する表示方法の変更であり、合理的根拠又は理由に基づくもので単なる表示形式上の変更にすぎないものは会計方針の変更としては取り扱いません。

他方、流動資産から固定資産に区分を変更する、あるいは経常外収益、経常外費用の区分から経常収益、経常費用の区分に変更するなど、区分を超えることにより財務諸表に重要な影響を与えて表示方法を変更するものは、会計方針の変更として取り扱うものとします。

 6-1　助成事業や委託事業を行なっている場合、その部分だけ区分して財務諸表を作成することが要求されることがあります。この会計基準との関係はどうなりますか？

A このNPO法人会計基準は、NPO法に規定する財務諸表等の作成を念頭においています。そのため助成金事業や委託事業の会計も含め、NPO法人全体の経理状況について報告することとなります。

一方、助成事業や委託事業の会計報告においては、一般に対象事業部分についてのみの報告を求められます。多くの場合、報告の科目や様式について指定があり、それにしたがって会計報告をします。会計報告においては

「ＮＰＯ法人会計基準第6項」は、015p

資金使途の制約要件を守ったかということが資金提供側の関心事項です。
　両者は目的が異なるため様式や対象期間が異なることがありますが、「単一性の原則（ＮＰＯ法人会計基準第6項）」により両者に矛盾がないことが求められます。つまり、次の二つの点が必要です。
　①対象期間が違っても、基礎となる帳簿は同じものを使うこと
　②帳簿から求められる様式にあわせた報告書の数字までの合理的な説明が可能なこと

　法人の正式な帳簿としては、あくまでＮＰＯ法のものが唯一無二のものとなります。助成金等の報告のために、一から帳簿を作り直す必要はありません。助成財団等への報告については、正式の帳簿からそのまま使えるものはそのまま使い、対象期間や勘定科目などについて加工が必要な場合は、正式の帳簿からどのような加工をしたのかの経緯を説明できる資料を作れば問題ありません。

Q 7-1　重要性の原則の考え方について説明してください。

　会計は、会計報告の利用者に、ＮＰＯ法人の財政状態や、正味財産の増減情報を正確に伝えることが目的です。したがって、利用者に誤った情報を伝えるおそれがないなら、できるだけ簡単な方法で記録し、報告も簡易にすることが合理的です。反対に、利用者に誤解を与えるおそれがある場合には、面倒でも厳密な方法で記録し、報告も厳密にすることが必要です。前者のケースを「重要性が乏しい」、後者のケースを「重要性が高い」と言っています。
　重要性の原則は、コストと効果の関係だと考えれば理解しやすいでしょう。ここでコストとは、「厳密な会計処理を行なう事務処理上の手間」のことであり、効果とは、「その結果としての財務諸表の理解可能性の増大」を意味します。つまり、いくら厳密な方法を採用して時間と労力を費やした会計であっても、利用者の理解可能性を高めることにならないなら、意味がないわけです。効果が期待できないのであれば、より簡単な方法を採用することは当然です。
　一般に重要性の原則には、「質的重要性」と「量的重要性」があると言われています。「質的重要性」とは、金額の大きさに関係なく、使われる科目が活動等を示す上でなくてはならないことを表します。つまり、いくら金額的に少額であっても、その科目及び内容がＮＰＯ法人の活動を表すのに欠かせないものである場合には、厳密で詳細な報告が求められます。事業収入や人件費や借入金などは、一般に「重要な」科目とされています。金

額面だけで判断するのではないことに注意してください。

　金額面のことを意味する「量的重要性」には、絶対的側面と相対的側面の二つがあります。絶対的側面の量的重要性は〇〇円という金額そのものです。「〇〇円以下のものなら、支払った時の費用にしよう」という場合です。例えば減価償却資産について法人税法では、10万円未満の場合は一括損金算入、10万円以上20万円未満は一括償却資産と言って簡便な方法、中小企業の特例として30万円未満なら損金算入を認めるといった処理を認めています。相対的側面の量的重要性は、比率で表されます。「総収入に対して〇〇パーセント以下だから区分表示しない」という場合です。例えば上場会社に対する規則である財務諸表等規則では、資産総額の100分の1以上の資産の区分表示とか、売上高の10％超の材料売上高の区分表示などの細かい規定があります。実務的には、この二つの側面を総合して判断します。

　また重要性の原則は、会計処理の面でも、財務諸表の表示の面でも、考えなくてはいけません。会計処理の面とは、「重要性に乏しいので簡単な方法で帳簿をつけよう」という場合です。表示の面とは、「重要性がないので他の科目にまとめて報告しよう」という場合です。

　重要性の判断は、会計のあらゆる局面で問題となります。例えば、

(1) 定期的に支払う費用で、その金額が大きく変動しないものについては、支払時に費用として処理できます。

(2) 消耗品、貯蔵品等のうち、重要性が乏しいものについては，買入時に費用として処理する方法を採用することができます。

(3) 減価償却資産の購入は、取得価額を基礎として計上することが必要ですが、重要性が乏しい場合には、活動計算書に一括して費用として計上することができます。

(4) 使途等が制約された寄付等について、重要性が高い場合には正味財産の部を指定正味財産と一般正味財産に区分し、指定正味財産の受入とすることが必要です。

　これら以外にも多くのものがあり、なかなか一律に示すことはできません。それぞれのＮＰＯ法人の特徴があるからです。例えば、「切手」を考えてみましょう。通常、切手は郵便物を送る際に購入しますから、切手の購入時点でその支払額を「通信費」として処理しても問題ないでしょう。しかし、郵便物が多いので年に何回も切手を大量にまとめ買いするようなところでは、決算時に残っている切手を数えて「貯蔵品」として貸借対照表に計上する方が良い場合もあるかもしれません。さらに、機関誌や出版物を通信販売するようなＮＰＯ法人で、利用者から購読料の支払いとして切手そのものを送ってくることもあるようなところでは、いよいよ重要性が高くなって、日頃から切手の受払簿も記帳する必要も出てくるでしょう。こ

078

のようにいろいろなケースがあるのです。

　10万円とか、10％とか、重要性の判断を数値で示してもらう方が楽だと考えられるかもしれません。確かにそうですが、同じ10万円と言っても法人の規模によってその相対的な価値はまちまちですし、同じ10％といってもどの金額に対する10％なのかによって判断も変わります。法人ごとに判断せざるを得ないのです。先の法人税法は公平性の観点から、上場会社に対する財務諸表等規則は比較可能性の観点から、重要性について一律の規定を設けていますが、ＮＰＯ法人会計基準について同様な規定の仕方をすることは適当ではないと考えています。ただ法人が一旦その判断基準を決めたら、相当な理由がある場合を除き、毎期継続して同じ判断基準を使わなくてはいけません。毎期使用する判断基準がまちまちだとか、会計担当者が交替になったら重要性の判断基準まで変わるということは、行なうべきではありません。

　最後に、重要性の原則と間違った会計処理とは根本的に異なるものだということに触れておきます。例えば、普通預金の利息は少額なので、通帳記入をしないまま確認しないで帳簿をつけても大差ないだろうということは、「重要性が乏しい」からそのような方法を採用したなどとは言えません。これは「間違った方法」なのです。少なくとも決算期末には、帳簿上の普通預金の残高と通帳の残高を照合することは、会計の基本です。重要性の原則を、そのような「安易で手をぬいた会計」の言い訳に使ってはなりません。つまり効果が期待できないような「必要以上の労力をかけることはやめよう」という趣旨ですから、どうしても「必要な」労力はかけなくてはいけません。この点、誤解のないように注意してください。

Ⅲ　財務諸表の体系と構成 ──《Q&A》

Q 8-1　貸借対照表と活動計算書は何を表すものですか？

A　貸借対照表は年度末時点でのＮＰＯ法人の資産、負債、正味財産の有高を示すものです。資産とは、いわばＮＰＯ法人のもつ財産のことで、種類ごとに勘定科目という名前をつけて金額で表します。小さなＮＰＯ法人では現金と預貯金くらいしか資産がないこともありますが、そのほかにもパソコンとか車とか販売用のグッズなど、さまざまな資産をもっていることもあるでしょう。それらが年度末にいくらあるかを表すのです。負債とは未払いの給料や借入金など、いつか払わなければならないものです。資産から負債を引いた差額が、そのＮＰＯ法人の正味の財産だということ

で、正味財産と呼びます。したがって貸借対照表では必ず、

　　資産の合計　＝　負債の合計　＋　正味財産の合計

という関係になっています。

　一方、活動計算書は１年間の収益から費用や損失を引いて、１年で正味財産がどれだけ増減したかを、その原因の面から表すものです。収益とは会費や寄付金を受け取ったり、モノを販売したりして正味財産を増やした金額です。費用は支払えば資産が減りますし、支払っていなければ負債が増えるので、どちらにしても正味財産を減らします。

　企業の会計では、収益と費用・損失の差額を利益と言い、利益を計算する書類を損益計算書と呼びます。ＮＰＯ法人の場合、利益を追求しているわけではありませんが、収益の金額と費用の金額を内訳別に見ていけば、１年間どのような活動をしてきたのかが金額面から見えてきます。そこでこれを「活動計算書」と呼ぶのです。

　また、いくら利益を追求しないと言っても、正味財産がマイナスになってしまったら、どうでしょうか。正味財産がマイナスということは、資産より負債の方が多いということですから、負債が返せません。ＮＰＯ法人といえども最低限の正味財産を維持することは必要なのです。このように正味財産の残高とその増減は、お金の面から組織が維持できるかどうかを表すものなので「財務的生存力」の重要な部分を示しているといえます。せっかく寄付をしたＮＰＯ法人がすぐにつぶれてしまったのでは、困りますから、寄付をしたり、会員になったりする人にとって重要な情報です。

　これまで多くのＮＰＯ法人は現金預金の動きに焦点を当てた収支計算書を作ってきたと思います。現金と預金しか資産がなくて、負債もなければ、従来の収支計算書とこの会計基準でいう活動計算書は同じものになります。けれども、たとえば借入金のような負債がある場合、それによって現金や預金が増えたとしても、いつか返さなくてはいけないお金ですから、財務的生存力の増加にはつながりません。また、現金預金が少なくても、その他の資産があれば、やがて換金できたり、将来の活動を支えたりする可能性も考えられます。このように、現金預金の動きだけでは、必ずしもＮＰＯ法人の活動実態を正しく捉えることにならないので、今回の会計基準では活動計算書を中心におくことにしたのです。

Q 9-1 「活動計算書は、当該事業年度に発生した収益、費用及び損失を計上することにより……」とありますが、「当該事業年度に発生した」とはどのような意味ですか？

A これは、収益や費用がいつ生じたものとして把握すべきであるかという問題です。収益・費用の把握に関しては、以下の二つの基本的な考え方があります。

・収益と費用を、それぞれに関連する現金収入と現金支出の時点において把握する方法
・収益と費用を、それぞれに関連する経済的な事実が生じた時点で把握する方法

今回の会計基準では、後者の考え方を採用しています。現金収入と現金支出の時点ではなく、経済的な事実が生じた時点で把握することにより、収益と費用の対応関係が、より明確になるからです。

介護サービスの提供を行なっている介護事業者の例をもとに具体的に説明しましょう。

介護保険適用事業者の場合には、介護サービスの提供という経済的な事実が生じた時点と、介護報酬の現金収入の時点に2カ月以上の時間差が存在することがあります。

今回の会計基準では、収益と費用を経済的な事実が生じた時点で把握しますので、介護サービスを提供した時点で、収益として例えば次のような会計処理を行ないます。

○月△日（借）未収金　　×××　（貸）訪問介護事業収益　×××
　　　　　　　　　　　　　　　（貸）通所介護事業収益　×××

（実際には介護報酬の請求は月単位で行ないますので、請求を行なったときに上記の会計処理を行なえばよいでしょう。）

その後、介護報酬の入金があった時点で、次のような会計処理を行ないます。

△月○日（借）現金預金　　×××　（貸）未収金　　　　　×××

費用についても同様に、経済的な事実が生じた時点と現金支出の時点が異なる場合には次のような会計処理を行ないます。

（経済的な事実が生じた時点）
　　　　（借）○○○○費　×××　（貸）未払金　　　　　×××
（現金支出の時点）
　　　　（借）未払金　　　×××　（貸）現金預金　　　　×××

また、活動計算書における収益と費用の把握や計算の方法は、これまで多くのNPO法人が作成してきた収支計算書とは異なる場合があります。

例えば、固定資産を現金で取得したとき、これまでは以下のような一取引二仕訳が必要でした。

（借）固定資産取得支出　×××　　（貸）現　金　　　　×××
（借）固定資産　　　　　×××　　（貸）固定資産購入額　×××

　そして、収支計算書には資金支出として固定資産取得支出が、正味財産増加として固定資産購入額が計上されていました。
　今回の会計基準では、固定資産を現金で取得したときには、以下のような会計処理となります。

（借）固定資産　　　　　×××　　（貸）現　金　　　　　×××

　いずれも貸借対照表上の勘定科目ですので、活動計算書には計上されません。しかし、土地を除く固定資産は、使用または時の経過などによって次第に価値が減少します。活動計算書には、この価値の減少分が当該会計期間に発生した費用（減価償却費）として計上されることになります。
　同様に、返済期限が1年を超える資金の借入を行なったときにも、これまでは以下のような仕訳が行なわれ、収支計算書には資金収入として長期借入金収入が、正味財産減少として長期借入金増加額が計上されていました。

（借）現　金　　　　　　×××　　（貸）長期借入金収入　×××
（借）長期借入金増加額　×××　　（貸）長期借入金　　　×××

　今回の会計基準では、返済期限が1年を超える資金の借入を行なったときに必要となるのは以下の会計処理のみです。

（借）現　金　　　　　　×××　　（貸）長期借入金　　　×××

　この場合もいずれも貸借対照表上の勘定科目ですので、活動計算書には計上されません。活動計算書に計上されるのは、借入によって発生する当該会計期間の費用として計算される支払利息の金額となります。なお、分割返済した場合の元本部分は、貸借対照表上に計上されている借入金の残高を減らしてゆくことになります。

Q 9-2 「経常外収益」「経常外費用」は「経常収益」「経常費用」とどう違いますか？
固定資産を現物でもらった場合や高額な寄付をもらった場合は経常外収益ですか？

「経常収益」及び「経常費用」は、「ＮＰＯ法人が通常本来の活動を継続して行なっている場合に、発生が見込まれる収益及び費用」のことです。たとえば経常収益には「受取会費」「受取寄付金」「受取補助金・助成金」などが該当します。経常費用には、「給与手当」などの人件費や、「消耗品費」、「交通費」、「水道光熱費」などの、その他経費が該当します（注解第２項、第４項）。

「注解第２項、第４項」は、021p

「経常外収益」及び「経常外費用」は、これら以外のものですから、「本来の活動以外の活動を原因とするもの」や「臨時・偶発的に発生したもの」ということになります。たとえば「固定資産売却損益」や「災害損失」などが該当します（注解第８項）。

「注解第８項」は、022p

では本来の活動により発生したものだけれども、予期しえなかった臨時の収益や費用、たとえば高額の受取寄付金などについては、どう扱えばいいのでしょうか。これを判断するうえで重要なことは、寄付金を得るための活動を、ＮＰＯ法人が継続して行なっているか、否か、ということです。寄付金はその金額の多寡から偶然性を排除することはできません。ですから金額の多寡によらず、寄付金募集活動を継続して行なっている場合には、原則、経常活動による収益として、経常収益に計上するのが適当と言えるでしょう。

寄付金はその性格上、継続的・安定的に得られる収入ではありません。ＮＰＯ法人はそのような不安定な収入のうえに、事業を安定して運営させねばならないものなのです。受取寄付金が安定しないことにより、活動計算書の期間比較が損なわれるという意見もあるかもしれませんが、受取寄付金が不安定であることを示すことのほうがＮＰＯ法人の実態に近いのです。もちろん法人経営者には、できるだけ受取寄付金を安定させるような努力が求められるのは言うまでもありません。

経常収益 経常費用	⇒	「ＮＰＯ法人が通常本来の活動を継続して行なっている場合に、発生が見込まれる収益及び費用」
経常外収益 経常外費用	⇒	「本来の活動以外の活動を原因とするもの」 「臨時・偶発的に発生したもの」

高額な受取寄付金があった、不動産の現物寄付を受けた
⇒ＮＰＯ法人の活動を維持するために不可欠な事業活動の一環として継続して行なっており、経常収益に計上

Ⅳ　収益及び費用の把握と計算 ― その1 ──《Q&A》

Q 12-1　未収会費を計上するのは、どのような場合ですか？

A 当期に帰属すべき受取会費の未収額のうち確実に回収できる額は、当期の収益として計上し、かつ当該金額を資産の部の流動資産区分に「未収会費」として計上します。

　会費収入は、ＮＰＯ法人の活動方針に沿っている限り自由に使えるお金であり、会費収入が主な活動財源となっている場合も多いと思われます。
　ＮＰＯ法人会計基準での会費の取扱いは、ＮＰＯ法人会計基準第12項（受取会費）で、「受取会費は、確実に入金されることが明らかな場合を除き、実際に入金したときに収益として計上する。」としています。
　会費は、対価性のある事業収入と異なり、会費の請求を行なった途端に退会を理由に支払いを断られてしまうなど、定款に定めがあっても強制的に徴収することが難しいものです。
　したがって、未収会費はその全額を当期の収益として計上するのではなく、回収が確実なものだけを、当期の収益として計上します。
　実際に未収会費として計上する額は、
　　①納入の確約ができている未収会費額、または
　　②決算書を作成するまでの期間に実際に納入された未収会費額
　が考えられるでしょう。

> 「ＮＰＯ法人会計基準第12項」は、016p

Q 12-2　将来の会費もまとめて入金してきた場合には、どう会計処理をするのですか？

A 翌期以降に帰属すべき受取会費の前受額は、以下のように当期の収益として計上せずに、負債の部に「前受会費」として計上します。

| 当期入金時…　（借）現金又は預金 | 30,000 | （貸）前受会費 | 30,000 |
| 翌期以降……　（借）前受会費 | 30,000 | （貸）正会員受取会費 | 30,000 |

　事業年度末近くに入会された方から、翌期分の会費を併せていただくことがあります。
　このような将来の会費の取扱いについては、注解第3項（受取会費）で、「翌期以後に帰属すべき受取会費の前受額は、当期の収益とはせずに負債の

> 「注解第3項」は、021p

部に前受会費として計上しなければならない。」としています。

したがって、将来の会費もまとめて入金してきた場合には、当期中にその会費が帰属する将来まで会費を預かったことになるため、負債として計上します。

しかし、会計年度が始まる前に1年分の会費の納入をお願いしている場合のように、会計年度と会費徴収時期のズレがある場合までも、前受会費を計上すべきなのでしょうか。

このような場合では、入金時のみに収益を計上しても、実質的に年1回会費収入が計上されることに変わりはないので、重要性の観点からもそのような会計処理を行なっても差し支えないと思われます。

Q 12-3 介護サービスを受けるための会費のようなものも、通常の会費と同じ取り扱いでよいですか？

A 受取会費は、確実に入金されることが明らかな場合を除き、実際に入金した時点で収益を計上しますが、特定のサービス等を受けるための会費は、事業収益の一部ですので、サービス等を提供した時点で収益を計上します。

介護サービスやスポーツクラブ会費のように、会費を支払うことで一定のサービスが受けられるような場合には、会費と提供されるサービスとの間には明白な対価関係があり、この場合の受け取った会費は、事業収益の一部を構成するものと考えられます。

「NPO法人会計基準第17項」は、017p

NPO法人会計基準第17項（事業収益）では、「棚卸資産の販売又はサービスを提供して対価を得る場合、販売又はサービスを提供したときに収益として計上し、対価の額をもって収益の額とする。」としています。

したがって、介護サービスを受けるための会費のような対価性のある会費は、会員規則にもよりますが、一般的にはサービス等を提供し、会費の返還義務がなくなった時点で収益として計上します。

なお、通常の受取会費の取扱いについては、《Q&A》12-1、《Q&A》12-2を参照してください。

| 受取会費 | → 対価性なし → | 回収可能性の観点から、確実に入金されることが明らかな場合を除き、実際に入金した時点で収益として計上する。 |

「NPO法人会計基準第12項」は、016p

☆適用する会計基準：NPO法人会計基準第12項（受取会費）

| サービスや施設の利用を受けるための会費など | → 対価性あり → | 事業収益の一部を構成しているので、回収可能性の有無に関わらず、サービスを提供した時点で収益として計上する。 |

☆適用する会計基準：NPO法人会計基準第17項（事業収益）

Q 13-1 「受取寄付金は、確実に入金されることが明らかになった場合に収益として計上する」とありますが、「確実に入金されることが明らかになった場合」とは具体的にどのような場合をいうのでしょうか?

A 収益は、現預金や現預金以外の資産がNPO法人に入ってくることが確実である時点で計上します。物品の販売やサービスの提供であれば、物を相手側に引き渡したり、サービスの提供が完了した時に相手先が請求を拒むことができなくなり、入金されることの確実性が高まり、金額も確定しますので、その時点で収益を計上します。

一方で、寄付金の場合には、物品の販売やサービスの提供とは違い、相手側から一方的に贈与を受けるだけで、それに対して法人側から何かを引き渡したりサービスを提供したりすることはありません。したがって、まず、贈与契約が成立していることが前提となります。その上で、入金が確実になった時点で受取寄付金を計上することになりますが、計上するためには金額の確定も必要です。金銭による寄付の場合は、通常、入金される金額も同時に分かりますが、現物による寄付や遺贈の場合には計上すべき金額の確定の問題があります。この問題については《Q&A》13-5（現物寄付）、《Q&A》13-8（遺贈寄付）を参照してください。

《Q&A》13-5 は、093p

《Q&A》13-8 は、199p

ここでは、現預金による寄付金について、いつの時点でNPO法人に入ってくることが確実であると言えるのか?　ということを説明します。

寄付者が寄付申込書を提出し、NPO法人側がそれを承諾した場合には、贈与契約としては成立しています。ただし、寄付者だけが支払う義務があり、受け取る側のNPO法人にはそれに見合う義務はないという贈与契約の性格から考えると、契約として成立しているからといって、確実に入金されるとは言い難いのが現状です。ウェブサイト上で寄付の申し込みをし、寄付金は銀行振込で後日に支払うような場合も、ウェブサイト上で申し込みをした時点では、確実に入金されるとは言えません。いずれの場合も法人に入金が確実になる前に贈与契約が撤回される可能性があるからです。

一般的には、NPO法人に現預金という形で入金されたときに、確実であると言えます。

NPO法人に現預金という形で入金されていない場合でも、確実に入金されることが明らかであるケースがあります。例えば、債権譲渡契約に基づくクレジットによる寄付の場合には、クレジットの手続きが行われて、クレジット会社の利用承認が完了した時点で、入金が確実であり、受取寄付金を計上することができます。詳しくは、《Q&A》13-2 を参照してください。

また、寄付金の申込書が事業年度終了前に提出された場合で、事業年度終了後に財務諸表を作成している間に実際に入金がされた場合には、確実に入金されることが明らかであるため、申込みがされた事業年度に受取寄

第2部　実務担当者のためのガイドライン

付金として収益に計上します。これは寄付金の申込書の提出と、その受付によって、寄付者とＮＰＯ法人の間の贈与契約が成立したため、その申込みの日付で受取寄付金の発生を認識できるからです。寄付金の申込書の受付などがなく、郵便振替などの入金によって寄付金の発生が把握される場合は、贈与契約の成立の時点が分からないので、入金の日をもって受取寄付金の発生を認識します。したがって、財務諸表作成中に入金があったとしても、未収金の計上は行わないことになります。

〈確実に入金されることが明らかになった場合〉

受取寄付金は確実に入金されることが明らかになった時に収益に計上

→ 書面で寄付する旨を申し出たり、ウェブサイト上で寄付の申し込みをしただけでは、確実に入金されるとは言えず、その時点では収益に計上しない。

→ 債権譲渡の場合のクレジットの寄付や、寄付申込書が提出され、決算手続中に入金があった場合は事業年度末に入金がなくてもその事業年度の収益に計上する。

Q 13-2 クレジットカードにより寄付をする場合には、寄付者がクレジットの情報を入力し、送信した時点で収益に計上することはできますか？

A 寄付者がＮＰＯ法人にウェブサイト上等で寄付の意思表示をし、その支払いはクレジットカードで行うような場合には、すぐにＮＰＯ法人に現預金が入金されることはなく、寄付者がクレジットカードで寄付をしたときと、ＮＰＯ法人に実際に入金されるときとの間にタイムラグがあります。この場合に、いつの時点で、受取寄付金として収益に計上するのか、ということが問題になります。

　クレジットカードによる寄付については、債権譲渡契約になっているケースが大部分と思われます。債権譲渡契約では、クレジットカード会社が寄付者に代わってＮＰＯ法人に対して寄付金を立替払いし、ＮＰＯ法人がクレジットカード会社に対し寄付による入金を受ける債権を譲渡し、クレジットカード会社が寄付者から譲受債権に基づいて代金を徴収するという形をとります。従って、寄付者がクレジットカードにより寄付をした段階で、債権譲渡が完了してクレジットカード会社からＮＰＯ法人に入金されることが確実になるため、その時点で収益に計上します。仮に、寄付者

087

の預金口座の残高が不足して、クレジットカード会社への引落しができない事態が発生したとしても、クレジットカード会社からＮＰＯ法人への入金の不履行や、返金の請求が起こらないからです。

　実際には、クレジット会社から取引明細が届かないと、金額等が確認できない場合もあるかと思いますが、その場合でも、すでに寄付者がウェブサイトの決済ページで決済申込み処理を行った時点で寄付契約は成立しているため、取引明細に記載されている、寄付日（クレジットカードの情報を入力してクリックした日）で収益を計上します。

　一方で、クレジットカードによる寄付には、まれに、代金回収代行型のものもあります。代金回収代行型の寄付については、クレジットカード会社は、代金回収を代行するだけですので、寄付をした段階ではＮＰＯ法人に確実に入金されるかどうかが明らかではありません。寄付者の預金口座の残高不足等により、入金されないことも考えられます。従って、その時点では収益に計上せず、入金されることが確実な時点（クレジットカード会社から入金の明細書が到着した時点、入金時点等）に収益を計上します。

　また、クレジットカードによる寄付ではありませんが、最近は、コンビニ決済による寄付も増えています。コンビニ決済による寄付は、寄付者がコンビニの窓口で現金を支払って寄付を行うものです。コンビニ決済も収納代行サービスと呼ばれていますが、寄付者の支払った寄付金が間違いなく収納を代行する業者から入金されるので、その収納代行業者から届く取引明細に記載されている寄付者の支払日で収益に計上します。

　なお、重要性が乏しい場合には、債権譲渡契約によるクレジット寄付についても、ＮＰＯ法人への入金時に収益に計上することができます。

〈債権譲渡契約によるクレジット寄付〉（大部分はこのケース）

| ウェブサイト上等でクレジットによる寄付を申し出た時点で、クレジット会社に債権が譲渡されるため、ＮＰＯ法人に入金されることは確実。 | | 寄付者がクレジットによる寄付を申し出た時点で収益に計上する。 |

　※重要性が乏しい場合には、ＮＰＯ法人への入金時に収益に計上することができる。

〈代金回収代行によるクレジット寄付〉

| ウェブサイト上等でクレジットカードによる寄付を申し出た時点では、ＮＰＯ法人に確実に入金されるとは言えない。 | | クレジットカード会社から入金の明細書が到着した時点あるいは入金時点で収益に計上する。 |

第2部　実務担当者のためのガイドライン

> **ウェブサイト上でクレジットカードを使って寄付をする場合の説明**
>
> 　寄付者がウェブサイトの決済ページで、クレジットカードの情報を入力し、寄付をする決済申込み処理を行うと、寄付者にカードを発行しているクレジットカード会社（イシュアー）への債権譲渡契約の申込となり、同時に、イシュアーによる本人認証が行われます。イシュアーによる利用承認がなされると、ＮＰＯ法人からイシュアーへの債権譲渡が完了して、ＮＰＯ法人への入金が確実になります。通常は、決済申込みのクリックから間を置くことなくイシュアーの利用承認は完了します。ＮＰＯ法人法人に利用明細や入金予定を送付するのは、加盟店業務を行っているクレジットカード会社（アクワイアラー）です。

Q 13-3　寄付を仲介する団体を通して寄付を受けた場合には、いつの時点で収益に計上をしますか？

A　直接寄付者からＮＰＯ法人に寄付金の入金があるのではなく、ＮＰＯ法人が寄付を仲介する団体を通して寄付を受ける場合があります。このような寄付を仲介する団体を通して寄付を受ける場合に、いつの時点で収益に計上するのかが問題になります。2つのパターンに分けて解説することにします。

1．寄付を仲介する団体が寄付金を預かっている場合

　寄付を仲介する団体のウェブサイト上等で、ＮＰＯ法人が寄付を集め、入金はいったんその団体になされるが、その後にその団体から一定の手数料を差し引かれて、ＮＰＯ法人に入金される場合があります。このような寄付では、寄付金についての所有権が仲介団体に移ったわけではありませんので、あくまでも寄付者からＮＰＯ法人への直接の寄付になり、領収書もＮＰＯ法人から寄付をされた方に出すことになります。ＮＰＯ法人がクラウドファンディングで寄付を集める場合には、多くの場合、このような形態をとります。

　収益の計上のタイミングは、クレジットカードによる寄付であれば、《Q&A》13-2と同じ考え方になりますので、債権譲渡契約によるクレジットカードによる寄付であれば、原則として、クレジットカードによる寄付を申し出た時点でＮＰＯ法人への入金が確定したと考え、その時点で収益を計上し、また、振込による場合には、寄付者が仲介団体に振り込んだ時点で収益を計上します。重要性が乏しい場合には、仲介団体からＮＰＯ法人に入金された時に計上することも認められます。

　ただし、クラウドファンディングによる寄付の中には、寄付金額が一定の金額に達した場合に限り成立するものもあります。このような場合には、

089

一定の金額に達しない段階では、入金が確実ではありませんので、クレジットカードによる寄付をした段階では、収益に計上しません。

なお、企業が募金箱を通してＮＰＯ法人に寄付をする場合には、企業は募金者からの寄付金を預かっているだけですが、募金者が募金をした時点で金額を把握することはできませんので、企業から募金寄付の通知が到着し、寄付金の金額が明らかになった時点で収益を計上します。

2. 助成団体等からＮＰＯ法人へ助成又は寄付をする形になっている場合

ある団体が寄付者から寄付を集め、それをその団体の運営委員会等で助成先を選定し、その後、選定されたＮＰＯ法人に助成をするという形をとっている場合があります。コミュニティ財団などの助成団体を通してＮＰＯ法人に助成される場合や、ふるさと納税の仕組みを使って自治体を通してＮＰＯ法人が寄付を受ける場合もこれに相当します。このような寄付は、寄付金の所有権がいったん助成団体等に移転したうえで、一定の基準を通してＮＰＯ法人に助成されますので、ＮＰＯ法人が、もともとの寄付者に領収書を発行することはなく、助成団体等が寄付者に領収書を発行します。

このような寄付については、寄付者がその助成団体等へ寄付をした時点では、その助成団体等（ふるさと納税の場合には自治体）への寄付であり、この時点ではＮＰＯ法人は収益を認識しません。助成団体等から助成決定の通知が到着し、助成金の金額が明らかになった時点で「確実に入金されることが明らかな場合」に該当することとなりますので、収益を計上します。重要性が乏しい場合には、入金時に収益を計上することも認められます。

〈寄付を仲介する団体が寄付金を預かっている場合〉

| 仲介する団体は、寄付金を一時的に預かっているだけ（寄付金の所有権は仲介団体に移転しない） | | 債権譲渡契約のクレジット寄付であれば、寄付の申し出時、振り込みの場合には寄付者の振り込み時 |

※重要性が乏しい場合には、ＮＰＯ法人への入金時に収益に計上することができる。

クラウドファンディングによる寄付で、一定金額に達した場合に限り成立するものは、その金額に達するまでは収益に計上しない。

第2部　実務担当者のためのガイドライン

〈助成団体等からの助成や寄付の場合〉

| もともとの寄付者からの寄付ではなく、仲介する助成団体等からの助成や寄付（寄付金の所有権は助成団体等に移転） | ⇒ | 助成する団体からの入金が確実になった時点で、受取助成金や受取寄付金などの収益に計上 |

※重要性が乏しい場合には、ＮＰＯ法人への入金時に収益に計上することができる。

 13-4 寄付に対して返礼品を提供する場合、受取寄付金として計上することができるでしょうか？

 寄付とは、「（1）支出する側に任意性があること、（2）直接の反対給付がないこと」という要件を備えているものです。寄付を受取った場合にお礼として返礼品をお返しするような場合に、その返礼品が「直接の反対給付」と言えるのかどうか、ということが問題になります。

　寄付を受けたＮＰＯ法人が、寄付をいただいた方に感謝の気持ちを形にして示すことがあります。感謝の気持ちを示す方法として、お礼状を出したり、活動報告を送るなどの方法も考えられます。また、寄付を受けたＮＰＯ法人が普及啓発のために作成していたグッズや、自身の団体の活動が紹介されている書籍などを送るということも考えられます。感謝の気持ちを表す方法は様々ですが、寄付者にそのＮＰＯ法人の活動を支援したいという気持ちがあり、それに対してＮＰＯ法人が感謝の気持ちを形にして示すということは、寄付者とＮＰＯ法人とのコミュニケーションを広げ、ＮＰＯ法人の支援者を増やしていくことにつながりますので、返礼品があることをもって、直ちに「直接の反対給付がある」ということにはなりません。

　一方で、返礼品の金銭類似性や換金可能性が高い場合や、一般的な使用価値が高い場合は、ＮＰＯ法人の活動との関連性や、寄付額と返礼品の価格の割合などを含めて、ＮＰＯ法人が行う寄付活動が、返礼品の提供による資金の獲得を意図している活動と推定される場合があります。こうした場合には、寄付金として処理することはできず、物品販売の対価（事業収益）として処理することになります。

具体的に、返礼品が直接の反対給付と考えられ、返礼品の提供による資金の獲得と推定されるかどうかについては、以下のようなポイントを参考として、総合的に判断する必要があります。

（1）返礼品の金銭類似性や換金可能性が高い場合や、一般的な使用価値が高い場合

　プリペイドカード、商品券、貴金属など金銭類似性が高いものや、電気・電子機器、家具など、一般的に使用ができて使用価値が高かったり、転売によって換金することが容易である場合には、実質的に寄付のキックバックになり、寄付の感謝の気持ちを形にして示す返礼品としてはふさわしくないと考えられます。

（2）返礼品がNPO法人の活動とは関連性がほとんどないものである場合

　特に、使用価値や転売による換金可能性が高いものであって、NPO法人の活動と関連性がほとんどない場合には、返礼品は感謝としての気持ちの表明ではなく、返礼品の提供によって入金を得ようとしているものと推定される可能性があります。

（3）寄付額に対する返礼品の調達価格の割合（返礼割合）が高い場合

　また、社会通念に照らして、NPO法人が受取る寄付金の額と比較して、返礼品の調達価格が高い場合には、返礼品提供によって入金を得ようとしているものと推定されてしまうことがあります。

〈返礼品がある場合のチェックポイント〉

【寄付の定義】
(1) 支出する側に任意性があること
(2) 直接の反対給付がないこと

感謝の気持ちを形にして示すということは、寄付者とNPO法人とのコミュニケーションを広げ、NPO法人の支援者を増やしていくことにつながるので、返礼品があることをもって、直ちに「直接の反対給付がある」ということにはならない。

返礼品の提供による資金の獲得と推定される場合は、寄付金として処理することはできない。

〈返礼品の提供による資金の獲得と推定されるかどうかのポイント〉

(1) 返礼品の金銭類似性、換金可能性、一般的な使用価値が高い場合
(2) 返礼品がNPO法人の活動とは関連性がほとんどない場合
(3) 寄付額に対する返礼品の調達価格の割合（返礼割合）が高い場合

第2部　実務担当者のためのガイドライン

> **Q** 13-5 「受取寄付金は、確実に入金されることが明らかになった場合に収益として計上する」とありますが、現物で寄付を受取る場合には、いつの時点で収益に計上するのですか？

A 現物で寄付を受取る場合には、その現物資産がNPO法人に引き渡されるなど、その資産の所有権がNPO法人に移転した場合に収益に計上します。ただし、金銭による寄付と違って、現物資産の中には、計上すべき金額を算定することが難しいものもあります。合理的に金額を算定することが難しい場合には、所有権がNPO法人に移転されていても、収益に計上しません。

現物による寄付を、以下の4つに分けて、いつの時点でどのように金額を算定して収益を計上するのかを解説することにします。

①活動の拠点となる不動産の寄付を受けた場合のように、現物で受けた資産をNPO法人の活動に使用する場合（使用型）

②災害時の支援物資の寄付を受けた場合のように、現物で受けた資産をそのままの形で受益者へ送る場合（支援物資型）

③文化財の寄付を受けた場合のように、現物で受けた資産を保存する場合（保存型）

④書き損じはがきの寄付を受けた場合のように、現物で受けた資産を換金し、換金した現預金を活動に充てる場合（換金型）

①使用型の現物寄付

使用型については、現物資産をNPO法人が取得した時に、その時の公正な評価額で収益に計上したうえで、減価償却資産であれば、毎事業年度、減価償却を行います（NPO法人会計基準第24項（現物寄付の取扱い））。

> 「NPO法人会計基準第24項」は、018p

〈現物寄付受入時〉
（借）固定資産　×××　（貸）資産受贈益　×××　公正な評価額

〈事業年度末〉
（借）減価償却費　×××　（貸）固定資産　×××
※固定資産が減価償却資産でなければ、事業年度末の減価償却に関する会計処理は不要。

②支援物資型の現物寄付

支援物資の寄付を受けた時点で公正な評価額で収益に計上したうえで、その物資を受益者に届けた時に、支援用消耗品費などの科目で活動計算書に計上します。ただし、支援物資を公正な評価額で評価することが難しい

093

場合もあるかと思います。支援物資を公正な評価額で評価できない場合には、活動計算書及び貸借対照表には計上しません。事業年度末に支援物資がまだ残っている場合には、注記事項として、支援物資の内容や数量の概要を注記したり、財産目録で、金額欄には「評価せず」と記載することもできます。

　また、支援物資がNPO法人を経由しただけで、実質的にその支援物資の所有権がNPO法人に移転したと言えないようなものであれば、そのNPO法人の活動計算書及び貸借対照表には計上しませんが、保管責任があるために損失が発生する可能性がある場合などは注記をすることになります。

〈現物寄付受入時〉
(借) 貯蔵品　　　　　×××　　(貸) 資産受贈益　×××(公正な評価額)

〈事業年度末〉
(借) 援助用消耗品費　×××　　(貸) 貯蔵品　　　×××
※支援物資の公正な評価額を算定することが困難である場合、支援物資がNPO法人を経由しただけで、所有権が移転したと言えない場合は、計上しない。

③保存型の現物寄付
　文化財のような保存型の資産については、公正な評価額を算定することが難しい場合もありますが、重要性の高い場合には、そうした資産を保有していることを財務諸表の利用者に知ってもらうために、1円の備忘価額で貸借対照表に計上します。

④換金型の現物寄付
　換金型の現物寄付を受けた場合に、その換金の主体になる者が寄付者なのか、寄付を受けるNPO法人なのかによって会計処理は違ってきます。
(1) 換金主体が寄付者であれば、換金がされ、NPO法人に入金されるまでは、所有権は寄付者にありますので、NPO法人に現預金が入金されることが確実になった時点で寄付者から寄付がされたと考え、受取寄付金として収益に計上します。

〈現物寄付受入時〉
仕訳なし

〈換金時〉　寄付者からNPO法人への寄付と考える（寄付者からの寄付）
(借) 現預金　　　×××　　(貸) 受取寄付金　×××

(2) 一方で、換金型の現物寄付については、寄付者が現物をＮＰＯ法人に寄付をし、ＮＰＯ法人が換金の主体になり、ＮＰＯ法人自身で換金し、あるいは仲介業者に換金を依頼して換金をする場合があります。

このような場合には、現物資産の受入時に公正な評価額で「資産受贈益」として収益に計上します。ただし、公正な評価額で評価することが難しいものや、金額的に重要性が乏しいもの、寄付を受けた事業年度と同じ事業年度内に換金されている場合には、換金時に「受取寄付金」として収益に計上することも可能です。

〈現物寄付の類型と会計処理〉

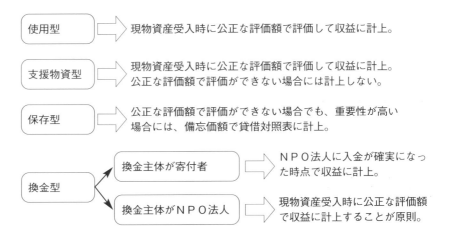

Q 13-6 換金型の現物寄付で、換金主体が寄付者である場合とは具体的にはどのような場合ですか？　その場合の会計処理はどうなりますか？

A 換金型の現物寄付の例としては、以下のような場合が考えられます。

〈例１〉

寄付者が使用済み切手や使い損じハガキをＮＰＯ法人に送り、その換金をＮＰＯ法人に依頼し、換金金額はＮＰＯ法人に寄付をする場合。

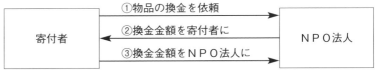

※換金金額は寄付者に戻されず、そのままＮＰＯ法人に寄付されることが多い。

〈例2〉
　寄付者が古本や貴金属、ブランド品などの寄付を目的として、仲介業者にその古本等の買取又は換金を依頼し、その換金金額を寄付者がNPO法人に寄付をする場合。

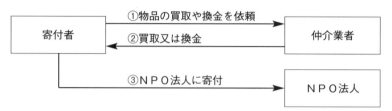

　※買取又は換金金額は仲介業者からNPO法人に直接支払われるケースが多い。

　換金する主体が誰であるのかがはっきりしないケースも多いので、換金主体が寄付者であることを明らかにするために、例えば、以下のような文言が記載された寄付承諾書を寄付者とNPO法人（場合によっては仲介業者）との間で交わすとよいでしょう。

寄付承諾書

　私は、私が所有する○○を、NPO法人×××（又は仲介業者×××）に引き渡し、その売却代金をNPO法人×××が受領することを了承します。なお、私は、NPO法人×××に本物品を寄付することが目的ではなく、同法人が本件物品の売却代金を受領することをもって、寄付行為とするものであることを確認します。

　　　　　　　　　　　　　　　○○年○○月○○日
　　　　　　　　　　　　　　　住所
　　　　　　　　　　　　　　　氏名

　このような換金主体が寄付者である場合には、物品がNPO法人又は仲介業者に渡った段階では、寄付者に所有権があり、換金があった時に、寄付者からNPO法人に寄付されたと考えますので、NPO法人は、入金のあった時に受取寄付金として収益に計上します。NPO法人に在庫があるような場合でも、その在庫はNPO法人が所有しているものではありませんので、在庫として資産に計上する必要はありません。

〈現物寄付受入時〉
仕訳なし

〈換金時〉寄付者からNPO法人への寄付と考える（寄付者からの寄付）
（借）現預金　　×××　（貸）受取寄付金　×××

また、古本の寄付などでは、古本の仲介業者で換金が行われた後に、定期的に仲介業者からNPO法人に入金がされます。このような場合には、まだNPO法人に入金がない場合であっても、仲介業者からの明細書等で確実に入金されることが明らかであれば、その時点で収益に計上します。

〈仲介業者で換金は行われているが、NPO法人には入金がない場合〉
(借)未収金　　×××　(貸)受取寄付金　×××（寄付者からの寄付）

Q 13-7 換金型の現物寄付で、換金主体がNPO法人である場合とはどのような場合ですか？その場合の会計処理はどうなりますか？

A 換金型の現物寄付の例としては、以下のような場合が考えられます。

〈例〉
寄付者が換金した金銭を寄付する目的で物品の寄付をNPO法人に行い、NPO法人が法人自身で、あるいは仲介業者等を通してその物品を売却して換金する場合

※換金を仲介業者が行うこともある。

このような場合には、原則として、NPO法人が現物寄付を受けた時点で公正な評価額で収益に計上することになります。

〈現物寄付受入時の仕訳例〉
(借)貯蔵品　　×××　(貸)資産受贈益　×××（公正な評価額）

《Q&A》24-1は、132p

公正な評価額や、換金時の会計処理については、《Q&A》24-1を見てください。

しかし、寄付物品の中には、公正な評価額を評価することが難しいものも多いかと考えられます。いくらで換金できるのかが明確にわからず、換金金額を合理的に算定できないようなものについて、現物を受け取った時点で見積金額で収益に計上することは、かえって間違った会計情報を記載することになってしまいます。従って、現物寄付を受けた時点で収益に計上するのは、換金金額を合理的に算定できるものに限られます。それ以外の物については、現物を受け取った時点では収益に計上せずに、実際に換

金した時に「受取寄付金」として収益に計上します。この場合は、現物寄付受入時には仕訳がなされず、換金時だけに、次のような仕訳が行われます。

〈換金時〉
(借) 現預金　　　×××　　(貸) 受取寄付金　×××（換金金額）

　具体的には、切手や商品券、あるいは使い損じハガキなどについては、換金金額を合理的に算定できますので、現物寄付の受け入れ時に資産受贈益として計上するのが適切です。仲介業者による買取価格が明確に決まっている貴金属等も、換金金額が合理的に算定できますので、受入れ時に収益を計上することが原則です。不動産も不動産鑑定価格等で算定することで、ある程度合理的に換金金額を計算することができます。
　一方で、古着や、古本、オークションに出展する古物のように、換金できるかどうかわからないもの、換金できるとしてもいくらで換金できるかが寄付を受けた時点ではわからないようなものは、換金金額を合理的に算定できませんので、受入れには収益に計上せずに、換金があった時点で「受取寄付金」として、収益に計上します。決算時にそのような資産を在庫として保持することも考えられますが、そのような場合には財産目録に明細を記載し、金額欄に「評価なし」と記載するという方法も考えられます。
　また、換金金額を合理的に算定できる物についても、金額的に重要性が乏しいものや、同じ事業年度内に現物の受入と換金が行われるものについては、現物を受け取った時点では収益に計上せず、実際に換金されたときに収益に計上するという方法も許容されます。
　なお、受入時に資産受贈益に計上した場合であっても、現物寄付の換金が単発的に行われている場合は、換金時に次のような会計処理とすることもできます。

〈現物寄付受入時〉
(借) 貯蔵品　　　100,000　　(貸) 資産受贈益　100,000（公正な評価額）

〈換金時〉
(借) 現預金　　　100,000　　(貸) 貯蔵品　　　100,000（換金金額）

　現物寄付受入時の金額と換金時の金額に差額がある場合には、雑収益又は雑損失を計上

〈現物で寄付を受け取り換金した場合〉

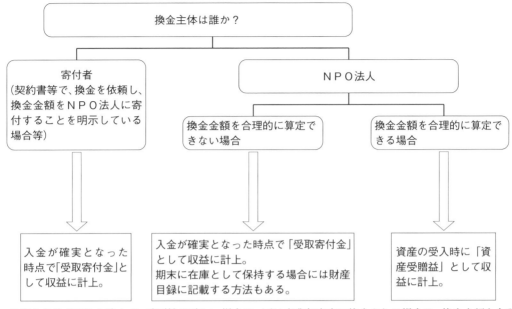

※換金主体がNPO法人で、重要性が乏しい場合や、同じ事業年度内に換金される場合は、換金金額を合理的に算定できない場合と同じ処理とすることができる。

Q 13-8 遺贈寄付を受けた場合には、いつの時点で収益に計上するのですか？

A 遺贈寄付を、「遺言（遺贈）による寄付」と「死因贈与契約による寄付」に分けて解説することにします。

1．遺言（遺贈）による寄付

「NPO法人××に○○財産を寄付する」という遺言を遺してお亡くなりになった方がいた場合、寄付を受けるNPO法人はいつの時点で収益に計上するのでしょうか？

遺言は、遺言作成者が死亡した時にその効力が生じます。しかし、遺言による寄付は、寄付を受けるNPO法人側がその遺言の存在を知らないケースも多く、また、遺言執行者から遺言による寄付があることについて連絡を受ける場合でも、その詳細が不明なケースも多くあります。そのような場合には、活動計算書には収益として計上せず、財務諸表の注記に、「当年度末において、遺言執行人から当法人を受遺者として財産を遺贈する旨の通知を受けておりますが、遺贈財産の内容が不明なものがあり、これら

は財務諸表に計上されておりません」などの注記をします。

　そして、入金されることが確実であり、その入金の金額も明確にわかる時点で収益に計上します。通常は、銀行口座への入金時に収益に計上することになります。ただし、入金された場合にも、相続人と係争があり、金額が確定しない場合もあります。そのような場合には、係争中は、「仮受金」など負債の勘定科目で処理し、収益には計上しません。

　そして、財務諸表の注記に、「当年度において遺贈寄付○○円を受けていますが、相続人と係争中であり、金額が確定しないため、仮受金に計上しています」などの注記をします。そして、係争が終わり、入金が確実になった時点で収益に計上します。

2．死因贈与契約による寄付

　生前に寄付者がNPO法人と死因贈与契約を結ぶケースがあります。死因贈与契約とは、寄付者（贈与者）が死亡することで効力を生じる贈与のことです。遺言（遺贈）による寄付とは違い、寄付者と寄付を受けるNPO法人の双方が寄付者の生前に同意をします。従って、死因贈与契約をNPO法人が一方的に放棄することはできません。

　このような死因贈与契約については、寄付者が死亡した時に、請求権が発生しますので、その時点で収益に計上します。ただし、遺言による寄付と同様に、贈与財産の内容が不明であったり、相続人と係争があり、金額が確定しない場合には、金額が確定するまで収益には計上しません。

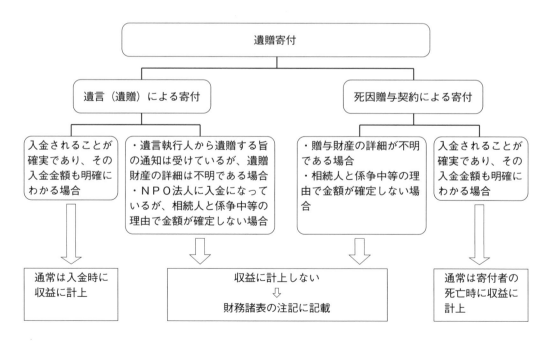

Q 14-1 事業費や管理費とは具体的にどのようなものですか？

A 事業費とは、ＮＰＯ法人が目的とする事業を行なうために直接要する人件費やその他の経費をいいます。これは法人が、ある事業を遂行するために支出した人件費、Ｔシャツ等の売上原価（仕入れや製作費）、チラシやポスターの印刷費、講師への謝金、会場の賃借料、特定の事業の寄付金の募集のためのファンドレイジング（資金調達）費（※１）等、明らかに事業に関する経費として特定できる金額と、人件費、事務所の賃借料、水道光熱費、通信費、消耗品費、コピー機やパソコンなどの備品の減価償却費等といった事業部門と管理部門に共通する経費がある場合には、そのうち事業を行なうために要した経費として合理的に算出された金額との合計額になります。

管理費とは、ＮＰＯ法人の各種の事業を管理するための費用で、総会及び理事会の開催運営費、管理部門に係る役職員の人件費、管理部門に係る事務所の賃借料及び水道光熱費等をいいます。

ＮＰＯ法人の管理部門には、①総会や理事会といった法人の組織運営、意思決定業務、②会報の発行やＨＰの運営などの広報、外部報告業務、③会費や特定の事業目的でない寄付金の募集のためのファンドレイジング業務、④日常の経理処理、予算の計画、税務申告等の経理業務、⑤社会保険や労働保険の手続き、給与計算、求人、福利厚生等の人事労務業務、⑥監事等による監査業務があります。

これらの管理部門の業務を行なうために要した費用が管理費で、明らかに管理部門に関する経費として特定できる金額と、事業費のところで説明した共通経費のうち、管理部門の業務を行なうために要した経費として合理的に算出された金額との合計額になります。

（※１）ファンドレイジング費
ファンドレイジングとは、個人や企業からの寄付金集め、助成金や補助金などの申請といったＮＰＯ法人の資金集めのための活動のことです。ファンドレイジング費の具体例として、寄付金集めのためのパンフレットなどの作成費、ＨＰ等での広告費、寄付金集めのためのイベント開催費、これらの作業に従事した人の人件費などがあります。
この《Ｑ＆Ａ》ではＮＰＯの現状を考慮し、特定の事業のために行なったファンドレイジング活動にかかる費用は事業費、そうではない場合は管理費として説明しています。ファンドレイジング費については、これらを参考に各法人の実態や状況に応じた処理をしてください。

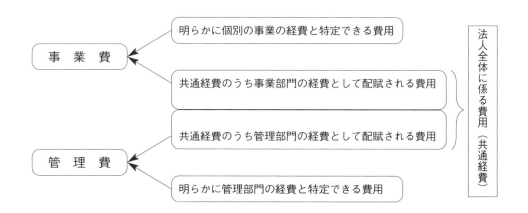

では、なぜ事業費と管理費を分けなければならないのでしょうか？

事業費と管理費の区分というと、ＮＰＯ法人の認証基準や監督基準を思い浮かべて所轄庁のための区分と考える方もいらっしゃると思います。ですが寄付者の立場からすると自分の寄付金が目的の事業のためにきちんと使われているか？は一番関心のある事柄です。外部への情報公開に資する会計報告であるためには、事業費をきちんと計算し報告する必要があるというのが、事業費と管理費を区分する第１の理由です。

また小規模な法人の場合でしたら実際に管理費として計上される金額は少額かもしれません。しかし毎月一定の管理費が発生する法人の場合、助成金や補助金、委託事業の収益が事業費相当額しかなければ管理費の分だけ赤字になってしまいます。これでは法人として財務的生存力があるとは言えません。法人が存続するためには、事業費だけでなく管理費も含めたところでのトータルコストを計算した事業計画やファンドレイジングが必要になります。これも事業費と管理費を区分する理由の一つです。

Q 14-2 常勤の職員がいないような小規模なＮＰＯ法人で、事業部門と管理部門が明瞭に分かれていない場合には、どのように事業費と管理費を区分したらいいのですか？

A 小規模なＮＰＯ法人は、事業部門と管理部門を特に区分することなく日々の活動を行なっていることが多いと思います。このような法人は次のような手順で事業費と管理費を分けてください。

①各法人で自分たちの日々の活動の中に、どのような管理部門に係る業務があるかをリストアップして、それにどの程度の時間やスペース等を使っているかを把握します。

　管理部門に係る業務は、総会や理事会の準備・開催業務、会報の発行やホームページの更新業務、予算書や決算書の作成業務、監査業務、支援者や所轄庁等への報告業務、登記業務等ですが、詳細は《Q&A》14-1を参照してください。

②事業部門と管理部門を分けるための割合を決め、その割合に応じて共通経費を分けます（この作業を按分といいます）。ここでは「従事割合」と「面積割合」を使用して説明します。その他「人件費割合」や「直接費割合」等、各法人の活動の実態を反映するような割合を使用してください。

　また複数の事業を行なっている法人は、できる限り日報等で各事業の従事時間を記録し、それに基づいて「従事割合」を算出するようにしてください。詳細は《Q&A》22-2を参照してください。

《Q&A》22-2は、127p

以下では、具体的な数値を使って、事業費と管理費の按分方法の事例を

紹介します。

ステップ１：管理部門の業務のリストアップと按分割合の計算

（1）従事割合

（月平均時間）

業　務　内　容	スタッフA	スタッフB	スタッフC	合　　計
事業部門				
事業部門小計	50	45	40	135
管理部門				
理事会・総会	5			5
ホームページ		5		5
経理・予算・決算			2	2
登記・諸届出・報告			1	1
人事・労務			2	2
管理部門小計	5	5	5	15
合計	55	50	45	150

　「従事割合」は、事業部門と管理部門に係る業務に各々従事した時間の比率です。日々継続して従事時間数を記録していない法人の場合は、各スタッフが各業務に概ねどの程度の時間数を費やしたかを見積もって「従事割合」を求めます。

　また、例えば１日５時間の従事時間のうち１時間（１週間のうち１日）を管理業務に充てているといった方法で見積もりすることも可能です。

（2）面積割合

　「面積割合」は、事業部門と管理部門に係る業務に使用する場所（面積）の比率です。複数の事務所等を有していない法人の場合は、事務所スペースのうち、事業が増えても減っても最低限ＮＰＯ法人として存続するために必要と思われる部分の面積を管理部門に係る業務のためのスペースとして見積もりすることも可能です。

　ここでは、理事長の自宅を事務所として40㎡借りており、最低限ＮＰＯ法人を存続するために必要と思われる事務所の面積を10㎡と見積もって計算しています。

　以上をまとめると按分割合は下の表のようになります。

按　分　の　方　法	事業部門	管理部門	合　　計
従事割合＊1	90％	10％	100％
面積割合＊2	75％	25％	100％

＊1：事業部門90％＝135時間/150時間、管理部門10％＝15時間/150時間
＊2：事業部門75％＝30㎡/40㎡、管理部門25％＝10㎡/40㎡

　事業の内容や規模が毎月あまり変わらないのであれば、上記の計算を毎月行なう必要はなく、同じ割合を通年使用しても良いでしょう。ここでは、決算の際に１年分まとめて共通経費を分けています。

ステップ2：事業費と管理費と共通費に区分する

科　　目	事業費	管理費	共通経費	合　　計
給料手当			520,000	520,000
消耗品費	50,000		90,000	140,000
旅費交通費			60,000	60,000
会議費	10,000	30,000	10,000	50,000
通信費			60,000	60,000
地代家賃			120,000	120,000
雑費	15,000	5,000	30,000	50,000
合計	① 75,000	② 35,000	③ 890,000	1,000,000

　明らかに事業費や管理費として特定できる経費は事業費と管理費の欄に、それ以外の経費を共通経費の欄に記載します。

ステップ3：共通経費を事業費と管理費に按分する

科　　目	按分の方法(按分割合) （ステップ1より）	共通経費 （ステップ2の③より）	事業費	管理費
			（按分割合×共通経費）	
給料手当	従事割合　（90：10）	520,000	468,000	52,000
消耗品費	従事割合　（90：10）	90,000	81,000	9,000
旅費交通費	従事割合　（90：10）	60,000	54,000	6,000
会議費	従事割合　（90：10）	10,000	9,000	1,000
通信費	従事割合　（90：10）	60,000	54,000	6,000
地代家賃	面積割合　（75：25）	120,000	90,000	30,000
雑費	従事割合　（90：10）	30,000	27,000	3,000
合計		890,000	④ 783,000	⑤ 107,000

ステップ4：事業費と管理費をそれぞれ集計する

（事業費）

科　　目	ステップ2の①より	ステップ3の④より	事業費合計
給料手当		468,000	468,000
消耗品費	50,000	81,000	131,000
旅費交通費		54,000	54,000
会議費	10,000	9,000	19,000
通信費		54,000	54,000
地代家賃		90,000	90,000
雑費	15,000	27,000	42,000
合計	75,000	783,000	858,000

（管理費）

科　　目	ステップ2の②より	ステップ3の⑤より	管理費合計
給料手当		52,000	52,000
消耗品費		9,000	9,000
旅費交通費		6,000	6,000
会議費	30,000	1,000	31,000
通信費		6,000	6,000
地代家賃		30,000	30,000
雑費	5,000	3,000	8,000
合計	35,000	107,000	142,000

　上記の表の右端の列の事業費合計と管理費合計の金額を活動計算書の経常費用へ記載します。

14-3 人件費にはどのようなものがありますか？

A 組織の運営や事業を実施する「人」に関わる費用として役員報酬、給料手当、臨時雇（アルバイト）賃金、ボランティア評価費用、法定福利費、退職給付費用、通勤費、福利厚生費等があります。

役員報酬については《Q&A》14-4を見てください。

《Q&A》22-2は、127p

①給料手当や通勤手当、アルバイト賃金について

事業や活動の労働に対して支払われる費用です。

また、事業に従事した人件費は「事業費」、組織全体の経理や労務、理事会や会員管理などの総務に関する業務に従事した人件費は、「管理費」になります。

人件費が発生すると、通常は所得税や住民税等の源泉徴収義務が発生します。

②ボランティア評価費用

ボランティアを受け入れて「客観的に確定できる場合」は、活動計算書に計上できます。詳しくは、《Q&A》26-1から《Q&A》26-5までに記載しています。

《Q&A》26-1から《Q&A》26-5までは、137～145p

③法定福利費

厚生年金や健康保険の「社会保険」や雇用保険と労災保険の「労働保険」の雇用主負担があります。従業員の負担分は、給与から控除して預り金として処理します。

④退職給付費用

退職金とは従業員が退職する時に一括して支払われる一時金のことですが、給料の後払いという意味も持ちます。中小企業退職金共済制度に加入して掛金を支払っている場合や、退職金支給規定に基づいて引当金を計上している場合には、当期に発生した金額を退職給付費用として処理します。詳細は引当金の《Q&A》19-5を見てください。

《Q&A》19-5は、116p

⑤福利厚生費

健康診断代や従業員の慰労、結婚や親族の不幸などに出る慶弔見舞などが入ります。

Q 14-4 役員への人件費の支払いは、どのような科目で計上するのですか？　また、ＮＰＯ法による報酬を受けた役員の報告とは、どのような関係になっているのですか？

A 事業費と管理費、双方の人件費に含まれる役員報酬については、次のように計上します。

1. 役員への人件費の支払いに使用する勘定科目

　ＮＰＯ法人の役員は理事と監事ですが、役員と法人とは委任の関係にあります。

　監事の職務はＮＰＯ法18条により監査に限定されており、スタッフとの兼任も禁止されています。このため、監事の職務の実施に対して人件費の支払いがある場合は、管理費に役員報酬として計上することになります。

　一方、理事には、このような制限はなく、法人のすべての業務を実施することができます。したがって、理事が実施した業務への人件費の支払いのうち、事業に直接かかわる部分は事業費に計上し、法人の運営管理にかかわる部分は管理費に計上します。この場合、いずれも役員報酬という勘定科目を使用します。

　これは、役員への人件費の支払いの総額を、ＮＰＯ法人の内外に公開することが、役員、とりわけ法人の代表者が独断で自分への支払いを不当に大きくすることなどの防止に役立つとの考えからです。

　例えば、ＮＰＯ法人の中には、代表理事がヘルパーとして業務に従事し、役員以外のヘルパーと同じ基準で支給額を計算している例などがありますが、この場合の代表理事への支給額は、事業費に役員報酬として計上することになります。

　一方、ＮＰＯ法人のスタッフとして長年、勤務した上で、法人の経営にも参画してもらうために、スタッフと兼任で理事に選任されるといったケースもあります。こうしたケースは、会社にもあり、「使用人兼務役員」と呼ばれています。こうした場合、従来のスタッフ（使用人）としての業務に対する支払いは給与手当の科目で計上されていたことから、スタッフ（使用人）部分の支払いは引き続き給与手当の科目で計上し、役員手当など役員としての支払の部分を役員報酬として計上することになります。ただし、会社の場合でも、「代表権を有する役員に選任された場合は使用人兼務役員には該当しない」とされているので、代表理事や代表権を制限していない（理事全員が代表権を有している）場合の理事などに選任されている場合は使用人兼務役員に該当せず、支払われた全額を役員報酬として計上することになります。

　なお、「指定管理を受けた事業では役員報酬という勘定科目が使用できない」などの理由により、役員への支払いを給与手当という勘定科目で計上

第2部　実務担当者のためのガイドライン

せざるを得ないような場合も、実務上、あります。こうした場合には、役員及びその近親者との取引の注記に、役員報酬という勘定科目を使用しないで支給した役員への人件費を注記することにしています。この結果、活動計算書に役員報酬として計上されている金額と、この注記に記載されている金額を合計すると、役員に対する人件費の総額が把握できることになります。この注記については、《Q&A》31-1 を参照してください。

《Q&A》31-1 は、156p

　以上をまとめると、活動計算書に計上する勘定科目は、次の表のようになります。

	①	②	③
	右の②以外の役員への支払	使用人兼務役員への使用人分の支払（監事や代表権を有する理事には該当部分はない）	使用人への支払
事 業 費	役員報酬	給与手当	給与手当
管 理 費	役員報酬	給与手当	給与手当

　また、月給などの他、賞与や退職金の支給の場合も、役員賞与、役員退職慰労金といった勘定科目を使用することになります。

2．ＮＰＯ法による報酬を受けた役員の報告との関係

　「役員のうち報酬を受ける者の数が、役員総数の三分の一以下でなければならない」というＮＰＯ法第2条の規制に該当する役員への報酬は、管理費に計上された役員報酬だけであり、事業費に計上された役員報酬は含まれない、と解釈されています。したがって、ＮＰＯ法の規定により所轄庁に提出する役員報酬の支払いの有無は、勘定科目名に関わらず、次の表のようになり、上記の表と対応させると、結局、管理費に役員報酬として計上される支払いを受けた役員だけを「役員報酬の支払あり」として報告することになります。

	①	②	③
	右の②以外の役員への支払	使用人兼務役員への使用人分の支払（監事や代表権を有する理事には該当部分はない）	使用人への支払
事 業 費	支払なし	支払なし	該当なし
管 理 費	支払あり	支払なし	該当なし

Q 15-1 「消耗品の購入等で少額のものは、実際に支払ったときに費用として計上することができる」とありますが、棚卸資産に計上しなくてもよい金額とは、いくらぐらいまでのものですか？

A 「いくらまで」と断定することはできませんが、普通は、すべて費用として処理すると思っておいてよいでしょう。なお、この質問に対する答えは「重要性」に関する考え方の応用ですから、重要性に関する《Q&A》7-1 も併せて読んでおいてください。また、固定資産に計上するかどうかについては、《Q&A》19-1 を見てください。

《Q&A》7-1 は、077p

《Q&A》19-1 は、112p

　まず、消耗品とは何でしょうか。商品や製品などの販売用の資産との違いは、売ることを目的とせず、自分で使うことを予定していることです。販売用の資産であれば売れるまでは資産として記録しておく必要がありますが、文房具などの消耗品は最初から使うつもりで買っているわけです。そして使ってしまえば費用ですから、買ったときに費用にしてもいいではないか、というわけです。

　それでは、消耗品を棚卸資産に計上すべき場合とは、どういう場合でしょうか。それは買ったけれどすぐに使わない場合、たとえば何年分も一度に買って、ストックしておくような場合です。たとえば医療に関わる団体が医薬品をまとめて購入し、来年度以降に使うためにストックしているような場合、これは棚卸資産として計上して報告した方がその団体の状況を正しく伝えることになるでしょう。

　この判断はケースバイケースです。ノートなどの文房具が期末に少し残っていても棚卸資産に計上する必要はありません。医療系団体における医薬品とは「質的」な重要性が違いますし、金額的にも小さいからです。医薬品でも毎月定期的に補充するのであれば、その都度使いきっていると考えて、費用処理してもいいと思われます。逆に、質的に重要なものや金額的に大きいものは、棚卸資産に計上します。重要かどうかは法人ごとの判断です。たとえば総収入が数百万円くらいの法人ならば、総額で 10 万円くらいが消耗品を棚卸資産に計上するかどうかの分かれ道かと思われますが、あくまでも各法人が自らの実状に照らして判断してください。ただし、一度ルールを決めたら、むやみに変更せず、毎年同じ基準で会計処理することが必要です。

第2部　実務担当者のためのガイドライン

Q 16-1 「電話代、電気代、家賃等定期的に支払う費用は、実際に支払ったときに費用として計上することができる」とありますが、「定期的に支払う費用」とは他にどのようなものがありますか?

A 「定期的に支払う費用」には、ほかにも、ガス代、水道代、新聞などの購読料、機器のリース料、他団体の会費、給料など、いろいろなものが考えられます。これらを「実際に支払ったときに費用として計上する」というのは、費用と期間の対応をどのくらい厳密に考えるかという問題です。

たとえば3月31日を決算日とする法人が4月分の家賃を3月20日に支払った場合、厳密に言えば4月分つまり来年度の費用ですから、3月の決算では費用でなく、前払金(貸借対照表の資産の一種)にしておくべきだという考え方もあるかもしれません。しかし、そんな面倒なことをしなくても、家賃は毎月1回支払って、12回で1年分なのですから、支払ったときに費用に計上することにしても、毎年そのやり方をするなら、1年分の金額は変わりません。だから、いちいち前払金などに計上せず、支払ったときに費用にしておけばいいではないか、というわけです。

電話代の場合も考え方は同じです。たとえば2月分の電話代を3月15日に支払って、3月31日の決算を迎えたとき、3月分の電話代は、厳密に言えば未払いです。けれども、その分、前年の3月分を4月に支払っているはずですから、1年を通して考えれば、支払ったときに費用に計上しても、実質的には大きな違いはないはずです。家賃と違って電話代は毎月少しずつ金額が違いますが、その程度の小さな違いは「重要性が低い」と判断してよいということです。

つまりこれらの定期的に支払う費用は、厳密に考えれば、前払いや未払いなどの資産や負債になり得ますが、一般的には、そういう処理をする必要はなく、多桁式の現金出納帳や預金出納帳で支出の記録をすれば十分だということです。

他団体の会費などは年に1回の支払いということが多いと思います。これも、厳密に言えば、対応する期間があるのかもしれませんが、毎年払うのであれば、期間対応をする必要はありません。支出時に一括して費用に計上して構いません。「定期的に」というのは、「毎月」だけでなく、2カ月に一度でも、半年に一度でも、継続的に支払うもので、年間を通じて毎年だいたい同じ金額になるならば、支出時に費用に計上してよいということです。

給料の場合も、3月25日に支払ったから、残りの6日分は未払いだと考える必要はありません。ただしこれは、定期的に支払うということが前提ですから、たとえば「資金繰りがつかなくて3月分は支払えませんでした」

というような場合には、きちんと未払金として負債に計上しなければなりません。家賃なども同様で、滞納している場合には、支払時に費用に計上するのでなく、未払金ですから、注意してください。

Ⅴ　収益及び費用の把握と計算 ― その2 ――《Q&A》

Q 18-1 物品の販売を実施している場合の売上原価の表示方法について説明してください。

A NPO法人が行なっている事業のほとんどが物品販売であれば、商品売買の会計処理方法である三分法によって処理し、活動計算書では売上原価の内訳を表示することが合理的です。しかし、経常収益に占める物品販売による事業収益の割合が小さい場合には、三分法を使用せずに、売上原価対立法によって処理し、活動計算書では売上原価のみを表示することが適当です。

　一般的な商品売買の会計処理の目的は、一事業年度における商品の仕入と販売による商品販売損益と決算時における商品有高の算定にあります。それに対する会計処理の方法としては分記法・売上原価対立法・三分法などがありますが、企業会計においては三分法による会計処理が圧倒的に多いものと推察されます。これに対して、NPO法人においては経常収益の大部分が会費・寄付金・補助金・助成金等で構成され、経常収益に対する事業収益の割合自体が小さい場合や事業収益があっても事業収益に対する物品販売の割合が小さい場合が多いと思われます。

　経常収益に占める物品販売による事業収益の割合が大きい場合には、三分法による会計処理が合理的ですが、経常収益に占める物品販売による事業収益の割合が小さい場合には、売上原価対立法による会計処理が合理的と思われます。

〈例題〉

期首商品棚卸高	500	
商品仕入高	1,000	（信用取引）
期末商品棚卸高	600	
売上高	1,500	（信用取引）

〈三分法による会計処理の場合〉

仕入時の仕訳					
(借) 仕入（仕入高）	1,000		(貸) 未払金		1,000
売上時の仕訳					
(借) 未収金	1,500		(貸) 事業収益		1,500
決算時の仕訳					
(借) 仕入（期首商品棚卸高）	500		(貸) 繰越商品		500
(借) 繰越商品	600		(貸) 仕入（期末商品棚卸高）		600

〈三分法による活動計算書の表示〉

Ⅰ.経常収益	
4.事業収益	
事業収益	1,500
Ⅱ.経常費用	
1．事業費	
(2)その他経費	
期首商品棚卸高	500
当期商品仕入高	<u>1,000</u>
合　計	1,500
期末商品棚卸高	<u>600</u>
売上原価	900

〈売上原価対立法による会計処理の場合〉

仕入時の仕訳					
(借) 売上原価	1,000		(貸) 未払金		1,000
売上時の仕訳					
(借) 未収金	1,500		(貸) 事業収益		1,500
決算時の仕訳					
(借) 商品	100		(貸) 売上原価		100
※決算時に在庫となっている分だけ、売上原価勘定から商品勘定に振り替えます。					

〈売上原価対立法による活動計算書の表示〉

Ⅰ.経常収益	
4.事業収益	
事業収益	1,500
Ⅱ.経常費用	
1．事業費	
(2)その他経費	
売上原価	900

Q 19-1 固定資産に計上する場合と、消耗品費等の費用に計上する場合の考え方について説明してください。

A パソコンや机などの備品等を購入した際に、什器備品などの固定資産として計上する会計処理をとるか、それとも消耗品費などの費用として計上する会計処理をとるかで迷うことがよくあります。

会計実務上、多くの企業や団体では、10万円という金額を一つの判断基準として、1個または1組の取得価額が10万円未満であれば消耗品費などの費用とし、10万円以上であれば什器備品などの固定資産として会計処理しています。これは、「使用可能期間が1年未満又は取得価額が10万円未満であるものについて、その事業の用に供した日の属する事業年度おいて、その取得価額の全額を損金経理により損金とすることができる。」という法人税法施行令に基づいて、10万円という基準を参考にして会計処理をしているからです。このことからすれば、ＮＰＯ法人も、1個または1組の取得価額が10万円未満か以上かで、費用として計上するか固定資産として計上するかを判断してよいと考えます。

しかしながら、固定資産を頻繁に購入したり保有することがない法人などは、各法人の内部規程等で、金額的な判断基準を5万円などに引き下げても、あるいは20万円などに引き上げても、法人内部での適正な手続きによって決められた基準であれば、そのような基準も一般的には許容されると考えられます。しかし、内部規程等で一度決めた判断基準は、原則として、毎期継続して適用する必要があります。つまり、ある会計年度では、5万円以上のものを固定資産として、別のある会計年度には、20万円以上のものを固定資産にするような一貫性のない会計処理は望ましくありません。

仮に、固定資産として会計処理した場合には、当該固定資産は、原則として、毎期継続して減価償却を行なう必要があります。剰余金が多い会計年度には減価償却を行ない、剰余金が少ない会計年度には減価償却をしないというように、減価償却を行なったり行なわなかったりする恣意的な会計処理は望ましくありません。減価償却については、「財務諸表の注記」の中で重要な会計方針の一つとして減価償却の方法を毎期表示する必要があります。

Q 19-2 ソフトウェアは資産になるのですか？

A ソフトウェアには、外部に販売（提供）する目的のものと、法人内部で利用する目的のものがあり、取得方法も、外部から購入する場合と

法人内で制作開発する場合があります。ここでは最も一般的なケース、つまり法人内で利用する目的で外部から購入するソフトウェアについて、それをどのように会計処理すべきかを説明します。法人自身が利用する目的でソフトウェアを外部から購入した場合には、原則としてそれを無形固定資産として計上する必要があります。販売されているソフトウェアを購入し業務に投入した場合には、そのソフトウェアの利用は法人の業務活動の効率化等に貢献することになります。ソフトウェアは有形固定資産と同様に、その効用が複数期間にわたって継続して現れますので、固定資産に計上して減価償却することになります。

　ソフトウェアの導入にあたって付随費用が発生するケースがあります。例えば財務会計ソフト導入時の科目マスターの設定や商品管理ソフト導入時の商品マスターの設定のような作業が必要となる場合には、ソフトウェアを法人内の仕様に適合させるための導入費用が発生することになります。導入費用はソフトウェアを利用するための不可欠な付随費用であるため、原則として購入対価に付随費用を加えてソフトウェアの取得価額を決定し、無形固定資産として計上します。なお、本体価格と付随費用の合計額が、法人自身が定めた固定資産の計上金額基準を満たさない場合には、費用処理が可能です。詳細は《Q&A》19-1を参照してください。
　保守料はソフトウェアを利用するための環境を整備し有効利用を図るための費用です。ソフトウェアの価値そのものを高めるような性格はありませんので、発生時に費用として処理することが適切です。

　これに対して、インストール済のソフトウェアのバージョンアップ料は、プログラムの機能上の障害の除去・現状の効用の維持のために要する場合には費用処理し、ソフトウェアの機能追加を伴うような場合には資産計上します。ライセンス契約でソフトウェアを取得した場合には、支払うライセンス料をソフトウェアの取得価額として資産計上します。しかし、バージョンアップ料やライセンス料であっても法人自身が定めた固定資産の計上金額基準を満たさない場合には、費用処理が可能です。詳細は《Q&A》19-1を参照してください。

　また、最近ではＡＳＰやＳＡＡＳなどインターネットを通じて利用するソフトウェアがあり、このようなソフトウェアを利用する場合には、利用期間に応じてレンタルの使用料を支払います。このようなソフトウェアは固定資産に計上せずに、費用処理することになります。

　パソコンを購入した場合、ワープロソフトや表計算ソフトが既にインストールされている場合がありますが、購入代金をパソコン本体とプリイン

ストールソフト部分とに区分できない場合には、全額をパソコンの取得価額として取扱い、器具備品として有形固定資産の区分に計上してもかまいません。

　法人内で利用するソフトウェアの減価償却については、実務的には定額法で償却期間5年で実施することが一般的です。定額法は、残存簿価が0円になるまで耐用年数にわたって毎期均等額の減価償却費を計上する方法です。また、有形固定資産と異なり減価償却累計額を使用しての間接控除表示ではなく、資産の勘定科目から減価償却費を直接減額する方法で表示します。減価償却の手続の詳細については、《Q&A》20-1を参照してください。

《Q&A》20-1は、118p

Q 19-3 注解の第10項に「資産の時価が著しく下落したときは、回復の見込みがあると認められる場合を除き、時価をもって貸借対照表価額としなければならない」とありますが、「時価が著しく下落したとき」とはどのような場合でしょうか？

A （1）「時価」とは

「時価」とは、公正な評価額であり、市場において形成されている取引価格、気配または指標その他の相場（以下「市場価格」といいます。）に基づく価額のことです。市場価格がない場合には、合理的に算定された価額を市場価格に準ずるものとして公正な評価額として取り扱います。

「注解第10項」は、022p

（2）「著しく下落した」ときとは

　時価のある資産の時価が「著しく下落した」ときとは、必ずしも数値化できるものではありませんが、時価が取得原価に比べて50％程度以上に下落した場合には、合理的な反証がない限り回復する見込みがあるとは認められず、「著しく下落した」ときに該当します。

　「回復の見込みがあると認められる場合」とは、時価の下落が一時的なものであり、期末日後おおむね1年以内に時価が取得原価にほぼ近い水準にまで回復する見込みのあることを合理的な根拠をもって予測できる場合を言います。つまり、将来回復すると証明できるような水準を言いますから、どちらかわからない、というレベルでは見込みがないと判断されます。

（3）会計処理

　例えば、取得原価100万円の有価証券の時価が、50％下落し50万円となった場合には、当該有価証券の貸借対照表価額を減額し、評価損は活動計算書に計上します。仕訳を示すと、以下のようになります。

　（借）有価証券評価損　　500,000　　（貸）有価証券　　500,000

　この有価証券評価損は、ＮＰＯ法人の通常の活動以外から生じる損失で、

経常的に発生するものではないため、経常外費用に計上します。

なお、寄付等によって取得した資産で使途が制約されている場合にも、寄付者の直接的な意図でないにしろ物理的な滅失と同様に考えて、評価損を計上します。この時には、「使途等が制約された寄付等の内訳」の注記の中で、制約の解除によるものとして、当期減少額に含めて記載します。貸借対照表の正味財産の部を指定正味財産及び一般正味財産に区分している場合には、評価損に対応する金額を指定正味財産から一般正味財産に振り替えることになります。

 19-4 貸倒引当金は計上しなければいけないのですか？

貸倒引当金は、ＮＰＯ法人において保有している未収金などの債権が実際にどの程度回収できるかを示すとともに、コストに関してもその期間に対応する会計年度に反映させることから、ＮＰＯ法人の活動を示すためには、必要となります。

１．貸倒れと貸倒損失
ＮＰＯ法人において保有している未収金などの債権が、例えば相手先の倒産（個人であれば死亡）などで回収できなくなってしまうことを貸倒れといいます。

会計上は、法的に債権が消滅した場合のほか、回収不能な債権がある場合は、その金額を貸倒損失として計上し、債権金額から控除する必要があります。

「法的に債権が消滅した場合」とは、破産などにより債権の一部が切り捨てられることとなった場合等が該当します。また、「回収不能な債権がある場合」とは、債務者の財政状態及び支払能力から見て債権の全額が回収できないことが明らかである場合をいいます。

２．貸倒引当金
１で述べた法的に債権が消滅した場合のほか、回収不能な債権がある場合は、債権が回収できませんので、当然のこととして債権金額をマイナスした金額を貸倒損失としてコストに計上することとなります。

これに対して、金銭債権について取立不能のおそれがある場合にも、その取立不能見込額を貸倒引当金（活動計算書では貸倒引当金繰入額）として計上する必要があります。

「取立不能のおそれがある場合」とは、債務者の財政状態、取立のための

費用及び手続の困難さ等を総合し、社会通念に従って判断したときに回収不能のおそれがある場合をいいます。

引当金が計上できるのは、①将来の特定の費用又は損失であって、②その発生が当期以前の事象に起因し、③発生の可能性が高く、かつ④その金額を合理的に見積ることができる場合であることが注解第16項に述べられていますが、この要件を満たしていなければ計上することはできません。1の貸倒損失と異なり、まだ確定しないことに注意してください。

なお、貸倒引当金を計上する場合には、引当金の計上基準を重要な会計方針として注記する必要があります。例えば、次のように注記するとよいでしょう。

---

1. 重要な会計方針

....

（2）引当金の計上基準
　　貸倒引当金―――債権の貸倒れによる損失に備えるため、一般債権について法人税法の規定による法定繰入率により計上するほか、個々の債権の回収可能性を勘案して計上しています。

> **Q** 19-5 退職給付引当金は計上しなければいけないのですか？

A 退職給付引当金は、ＮＰＯ法人において将来支払われる退職金など（退職給付債務）がどの程度存在しているかを示すとともに、コストに関してもその期間に対応する会計年度に反映させることから、ＮＰＯ法人の活動を示すためには、必要となります。

1. 退職給付引当金と必要性

ＮＰＯ法人において退職金を支払う取り決めがある場合で、働いている職員が退職したときに支払う退職金は支払ったときのコストでしょうか。お金の動きでとらえると、退職金は、退職時に通常、支払うのであり、退職までの勤務している間の支出は発生しません。このため、お金の動きがないのに、なぜコストや負債を認識するのかという疑問が生じると思います。

しかしながら、例えば、退職金について退職の時点で突然コストが発生するのではなく、賃金の後払いであり、退職金規程などに従って勤務年数に応じてコストが発生（活動計算書に計上）し、累積（貸借対照表に計上）していくと考えているのです。このような、お金の動きがなくても価値（経済価値）が増減すると、それを反映させるという考え方（発生主義）が退職給付引当金に適用されています。下図でその考え方を図示しています。右

側がお金の動き、左側が経済価値で活動を示したものです。3年間同じようなの活動をしている前提では、お金の動きでは正確に表すことができませんが、経済価値で表すと3年間は同じ活動であることを数値で示すことができます。同じ活動をしているのに退職金の支払いがあったので、今年度はコストが高いということでは活動を正しく表しているとはいえません。ＮＰＯ法人の活動のコストを正しく把握するという観点から考えると理解しやすいのではないでしょうか。また、将来的にどの程度支払いが必要になるかも負債に計上された金額から判断することになります。

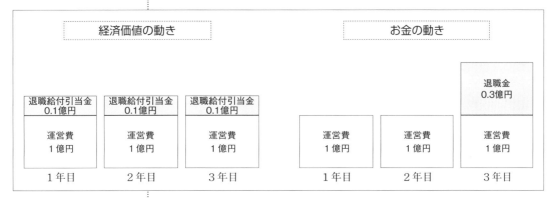

2．引当金計上の要件に関する注意点と未払金との違い

①将来の特定の費用又は損失であって、②その発生が当期以前の事象に起因し、③発生の可能性が高く、かつ④その金額を合理的に見積ることができる場合が注解第16項に述べられていますが、この要件を満たしていなければ計上することはできません。

このため、退職給付引当金を計上するためには、退職金規程や退職金等の支払いに関する合意などが存在し、支払うことの明確性が必要となります。

また、引当金と未払金との違いですが、引当金は要件の③に記載したように発生の可能性が高いけれども確定はしていません。これに対して、未払金は未払額という確定した債務となります。

3．退職給付債務の対象範囲と計算方法

退職給付債務の対象範囲は、退職一時金制度（いわゆる退職金）、厚生年金基金、適格退職年金及び確定給付企業年金という確定給付型退職給付制度を採用している場合となります。このため、中小企業退職金共済制度、特定退職金共済制度及び確定拠出型年金制度のような拠出以後に追加的な負担が生じない制度（外部拠出型）を採用している場合については、掛金を費用処理すれば原則的に問題ありません。

厚生年金基金、適格退職年金及び確定給付企業年金のケースは少ないと考え、特に《Q&A》には記載しておりませんが、該当がある場合は、例え

ば「中小企業の会計に関する指針」を参照ください。

　退職一時金制度において、退職給付の対象となる職員数が 300 人未満の
ＮＰＯ法人もしくは職員数が 300 人以上であっても、年齢や勤務期間に偏
りがあるなどにより数理計算結果に一定の高い水準の信頼性が得られな
いＮＰＯ法人や原則的な方法により算定した場合の額と期末要支給額と
の差異に重要性が乏しいと考えられる場合は、期末要支給額により算定す
ることができます。

　期末要支給額は当該事業年度末において、職員が全員自己都合により退
職したとすると、いくらかを算定した金額となります。

４．財務諸表に対する注記

　なお、退職給付引当金を計上する場合には、引当金の計上基準を重要な
会計方針として注記する必要があります。例えば、次のように注記すると
よいでしょう。

１．重要な会計方針
　.....................
　（２）引当金の計上基準
　　貸倒引当金
　　退職給付引当金——従業員の退職給付に備えるため、当期末における
　　　　　　　　　　　退職給付債務に基づき当期末に発生していると認
　　　　　　　　　　　められる金額を計上しています。なお退職給付債
　　　　　　　　　　　務は期末自己都合要支給額に基づいて計算してい
　　　　　　　　　　　ます。

Q 20-1 減価償却の手続きとは何でしょうか？　必ず行なわなければいけないのでしょうか？

A 減価償却とは、ＮＰＯ法人において利用している固定資産について、
時の経過等によってその価値が減っていることを会計上反映させる
手続をいい、「定額法」や「定率法」などの償却方法があります。減価償却
はＮＰＯ法人の活動を示すためには、必要となります。

１．減価償却と必要性

　ＮＰＯ法人において利用している建物、建物附属設備、機械装置、器具
備品、車両運搬具などの固定資産は、一般的には時の経過等によってその
価値が減っていきます。このような固定資産は、お金の動きでとらえると、
通常、取得の際に支出を行ない、その後の支出は発生しません。このため、
お金の動きがないのに、なぜコストを認識するのかという疑問が生じると
思います。

しかしながら、例えば建物で考えてみると、取り壊しの時点で突然、価値がゼロになるのではなく、取り壊しまでの間に利用していることによって価値が減少していくのです。すなわち、利用によって効用が活動に与えられる結果、その対価にあたる価値が減少すると考えて、取得した時の価値を利用した複数の期間に費用として配賦すべきと考えているのです。このような、お金の動きがなくても価値（経済価値）が減少すると、それを反映させるという考え方（発生主義）を固定資産に適用したものが減価償却という手続です。下図でその考え方を図示しています。右側がお金の動き、左側が経済価値で活動を示したものです。３年間同じような活動をしている前提では、お金の動きでは正確に表すことができませんが、経済価値で表すと３年間は同じ活動であることを数値で示すことができます。減価償却費とは、会計年度で経済価値が減少した金額（コスト）を示しています。ＮＰＯ法人の活動のコストを正しく把握するという観点から考えると理解しやすいのではないでしょうか。

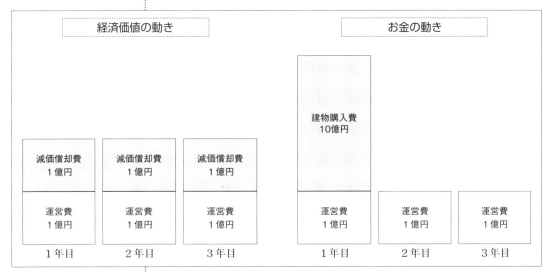

２．減価償却の対象（寄付の扱い）

減価償却の対象となる資産は、時の経過等により価値が減少しますが、土地や骨とう品などのように時の経過により価値が減少しない資産は、減価償却の対象となる資産ではありません。

他の人から寄付でもらった固定資産についても、寄付を受けた取得日における公正価値でその金額を認識し、時の経過等により価値が減少するものであれば、減価償却をする必要があります。

３．減価償却の方法

減価償却の方法には、償却費が耐用年数に応じて毎年同一額となるよう

に計算する方法(定額法)と、償却費が毎年一定の割合で逓減するように計算する方法(定率法)等があります。

ここでは、NPO法人の活動と対応した計算方法と一般的に考えられる定額法について説明します。

定額法は次の式で計算します。

　　　償却限度額＝取得価額×定額法による償却率

例えば、5億円の建物を取得した場合、耐用年数が50年であると、1年間の減価償却費は5億円×0.02＝10,000,000円となります。これは50年で価値がゼロになるのであり、5億円÷50年＝10,000,000円と同じです。これを図示したのが下記となります。

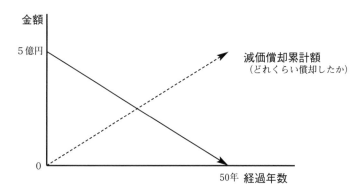

期中に建物を取得した場合には、事業の用に供した月数が減価償却の対象となります。このため、上記の例では取得した年度が6カ月しか使用していなければ、10,000,000円×6/12＝5,000,000円が減価償却費の金額となります。

活動が税法上の収益事業に該当し法人税の申告を行なっている場合は、届出を行なわないと償却方法が定率法(建物は定額法)に強制されますので留意する必要があります。また、税務上は平成19年3月31日以前に取得のケースは、旧定額法と旧定率法という別の計算方法となっておりますので、この点もついても留意する必要があります。

第2部　実務担当者のためのガイドライン

Q 20-2 注解の第 15 項に、「リース取引については、事実上物件の売買と同様の状態にあると認められる場合には、売買取引に準じて処理する。ただし、重要性が乏しい場合には、賃貸借取引に準じて処理することができる。」とありますが、「売買取引に準ずる処理」とはどのような処理ですか？

「注解第 15 項」は、023p

A 1.「売買取引に準ずる処理」とは

「売買取引に準ずる処理」とは、新規固定資産を購入した場合に行なう処理と同じ処理を行なうということです。つまり、固定資産を新規に購入した場合は、その固定資産を貸借対照表の固定資産の部に計上し、その資産に対して毎期減価償却を行ないます。それと全く同じ処理をするということです。しかし、リースの場合は、一括で支払することはなく、リース会社に対して毎月一定額を支払っていきます。「売買取引に準ずる処理」をする場合は、リース会社に対する債務を負債の部に計上し、支払の都度、その負債の残高を減らしていくという会計処理をすることにもなります。

リース取引は、2つの取引に分解することができます。

①ＮＰＯ法人がリース会社から固定資産購入資金の借入れをする。

②その資金で固定資産を購入する。

の2つです。

つまり、金融機関等から借入れをし、資産を新規に購入した場合と同じということになります。それにもかかわらず、従来から、リース取引については、リース会社にリース料を支払ったときにその金額を費用として計上する方法が採られていました。このように実態が同じ取引について、異なる会計処理がなされてきたので、統一しようという動きがあり、それに対応して、ＮＰＯ法人会計基準の中におけるリース取引の扱いも改正することになりました。

ただし、「売買取引に準ずる処理」ができるリース取引は、リース取引が事実上物件の売買と同様の状態にあると認められる場合です。リース取引が事実上物件の売買と同様の状態にあると認められる場合とは、リース契約に基づくリース期間の途中で、契約を解除することができないリース取引で、そのリース資産の耐用年数の期間において利用することができ、かつ、リース料総額もそのリース資産を実際に購入した場合とほとんど変わらない場合をいいます。このようなリース取引を「ファイナンス・リース取引」と呼びます。

さらに「ファイナンス・リース取引」には「所有権移転ファイナンス・リース取引」と「所有権移転外ファイナンス・リース取引」がありますが、「所有権移転ファイナンス・リース取引」に該当する場合は少ないと考え、詳細は載せておりませんので、該当する場合には、「リース取引に関する会

121

計基準」や「リース取引に関する会計基準の適用指針」を参照ください。

　なお、「所有権移転外ファイナンス・リース取引」を「売買取引に準ずる処理」で会計処理した場合、減価償却は、残存価額ゼロでリース期間を耐用年数とした定額法で算出します。

　また、リース取引を「売買取引に準ずる処理」で会計処理した場合には、その内容（主な資産の種類等）及び減価償却の方法を注記します。ただし、重要性が乏しい場合には、当該注記は不要です。

　具体例を用いて説明すると
　３月決算のＮＰＯ法人が、４月１日に備品のリース契約を締結した。契約条件は、リース料が毎月 60,000 円、リース料総額 3,600,000 円、リース期間は５年間
　　（１）リース開始日（４月１日）
　　　　（借）リース資産　3,600,000　　　（貸）リース債務　3,600,000
　　（２）リース料支払日
　　　　（借）リース債務　　60,000　　　（貸）現金預金　　　60,000
　　（３）決算日（３月 31 日）
　　　　（借）減価償却費　720,000　　　（貸）リース資産　720,000
　　　　　※減価償却の計算方法　3,600,000÷５年＝720,000
となります。

2.「賃貸借取引に準ずる処理」を採用することができる場合とは
　「所有権移転外ファイナンス・リース取引」であっても、重要性の乏しい場合
　　・法人の固定資産計上基準額より低い価額のリース契約
　　・短期リース……リース期間が１年以内のリース
　　・少額資産……事業内容に照らして重要性の乏しいリース取引で、１件
　　　当たりのリース料総額が 300 万円以下のリース取引
には、「賃貸借取引に準ずる処理」をすることも例外的に認めています。この場合は、今までの会計処理と変わりありません。仕訳で示しますと、
　　　　（借）賃借料　　　　×××　　　（貸）現金預金　　　×××
　　　　　※「賃借料」は法人の判断により、「リース料」としても差し支えありません。
となります。

　なお、実務上行われるリース取引の中には、複数の資産をまとめて１つのリース契約として締結する場合がありますが、それぞれの資産が独立して使用することができ、個々のリース金額が 300 万円以下ならば、「賃貸借取引に準ずる処理」をすることが出来ます。

〈例〉コピー機200万円、サーバ200万円、電話機5万円を405万円の1
　　つのリース契約とした場合。

↓

　この場合は、個々の資産に分けて、「賃貸借取引に準ずる処理」を適用で
きます。

　一方、一体となって使用する300万円を超える固定資産を、契約の都合
上複数に分割した場合は、反対に「売買取引に準ずる処理」をしなければ
なりません。

〈例〉建物全体に設置したLAN設備500万円について、リース契約を250
　　万円の2つに分けて締結した。

↓

　この場合は、「売買取引に準ずる処理」を適用することになります。
　また、「ファイナンス・リース取引」以外のリース取引の場合も、今まで
どおり上記の方法を採ります。このリース取引は「オペレーティング・リ
ース取引」と呼びます。

Q 20-3 リースに似たものとしてレンタルがありますが、違いは何ですか？

A 　リース取引に似たものとしてレンタルがあります。リース取引の場
合は、ＮＰＯ法人が希望する資産を新規にリース会社が購入・製作
しますが、レンタルの場合は、レンタル会社がすでに用意してある汎用品
の中から選んで借りるので新品でないことが多い、という違いがあります。
また期間がレンタルの場合きわめて短いことが多く、中途解約も可能な場
合が多いです。レンタルに該当する場合は、賃貸借取引ですから、下記の
ような仕訳になります。

　　（借）賃借料　　　×××　　　（貸）現金預金　　　×××

Q 21-1 外貨建取引が発生したときの円換算や、期末に資産・負債があるときの円換算はどのようにして行なうのでしょうか?

A 取引価額が外国通貨で表示されている取引を外貨建取引といいます。外貨建取引が発生したときに円換算する場合には、その取引が発生した日の為替レートで換算します。また期末に外貨建ての資産・負債がある場合は、期末日の為替レートで換算します。

〈設例〉 3月10日に海外から注文していた500ドルの事務用の備品が届きました。当日の為替レートは100円/ドルです。また、この金額については、4月30日に銀行から引き落しされました。銀行からの引き落しは4月30日の為替レート(110円/ドル)で行なわれました。法人の決算日は3月31日です。3月31日の為替レートは105円/ドルです。

設例にもとづく仕訳を示せば、次のようになります。

①購入時 (借)消耗品費 50,000 (貸)未払金 50,000

消耗品費として計上する円貨額は、3月10日の為替レートが100円/ドルであるため、100円×500ドル＝50,000円で計上します。

②決算時

3月31日が決算日の場合は、期末現在において500ドルの未払金残高があります。期末日の為替レートは105円/ドルであるため、1ドルにつき5円の差損が生じ、5円×500＝2,500円の為替差損を計上します。

(借)為替差損 2,500 (貸)未払金 2,500

決算日において、差額が生じた場合は、「為替差損」もしくは「為替差益」で処理し、「為替差損」は経常費用として、「為替差益」は経常収益として、活動計算書に計上します。

③支払時 (借)未払金 52,500 (貸)普通預金 55,000
(借)為替差損 2,500

4月30日の為替レートで計算した円貨額が引き落しされます。したがって、物品が届いた3月10日の為替レート及び3月31日の為替レートとは異なったレートで計算されますから、1ドルにつき5円×500ドルの為替差損が生じることになります。

また、4月30日のレートが95円/ドルであれば、「為替差損」ではなく、「為替差益」という勘定科目で1ドルにつき10円×500ドルの差額を貸方に計上することになります。

(借)未払金 52,500 (貸)普通預金 47,500
(貸)為替差益 5,000

取引発生時の為替レートで換算するという方法は、海外との取引がそれほど多くない場合であれば、その都度、為替レートを調べて計上すること

第2部　実務担当者のためのガイドライン

もそれほど煩雑ではないかもしれませんが、取引が多い場合は、事務作業が大変になります。その場合は、前月末日、前週末日、当月初日、当週初日などの為替レートを1カ月分または1週間分の取引に用いることもできます。ただし、一つの方法を選んだら、正当な理由により変更を行なう場合を除き、その方法を継続するようにしましょう。

　また、ここにいう為替レートとは直物為替相場といわれるものですが、直物為替レートには、主にTTM（仲値）、TTS（電信売相場）、TTB（電信買相場)の3種類があります。税務においてはTTMを使うことが原則とされていますが、会計上は必ずしもどれが原則という決まりはありません。法人がどれを使うか決め、正当な理由により変更を行なう場合を除き、その方法を継続するようにしましょう。

〈例〉国外の事務所が下記の取引を行なった場合：期中のレートは月初のレートを使うこととします。前月末には200ドルの残高があったとします。なお、外貨建ての現金出納帳を国外の事務所で作成し、月ごとにコピーを国内事務所に送っているとします。

日付	取　　引	金　　額	手持外貨残	当日レート
5／1	家賃の支払	100ドル	100ドル	110
5／10	日本からの送金	100ドル	200ドル	105
5／20	人件費の支払い	60ドル	140ドル	100
5／31	交通費の支払い	10ドル	130ドル	103
6／1			130ドル	98

　外貨建てと円建ての両方の帳簿を作ります。

現金出納帳（現地通貨）←国外事務所で作成したもの

日付	入金（＄）	出金（＄）	残高（＄）
前月繰越			200
5／1		100	100
5／10	100		200
5／20		60	140
5／31		10	130
6／1			130

　換算レートは入金時は送金時レートを、支出時は月初のレートを使います。

現金出納帳（円）←国外事務所からのコピーに基づき国内事務所で作成したもの

日付	入金（￥）	出金（￥）	残高（￥）	換算レート	
前月繰越			22,000	110	月初のレート
5／1		11,000	11,000	110	〃
5／10	10,500		21,500	105	送金時レート
5／20		6,600	14,900	110	月初のレート
5／31		1,100	13,800	110	〃
6／1			12,740	98	月初のレート

125

6月1日に98円で残高を換算すると130ドル×98円＝12,740円になります。5月31日の円残高が13,800円なので、その差額が為替差損になります。

ここでは6月1日に手持ち外貨を換算替えしていますが、毎月の支出はその月の月初レートで換算しておき、手持ちの外貨を換算するのは決算期末だけとする方法もあります。

Q 22-1 複数の事業を行なっている場合には、事業費をその事業ごとに区分しなければいけないのですか？

A ＮＰＯ法人会計基準第22項の（複数事業の事業別開示）において、「事業費は、事業別に区分して注記することができる。その場合収益も事業別に区分して表示することを妨げない」とありますので必ずしも事業費を事業ごとに区分して表示することは義務ではありません。

しかしながら、ＮＰＯ法人が自らの事業費を明らかにすることは、法人がどのような事業をどれだけ行なったのかという、言わば『活動の証』となるものです。そこで、「財務諸表の注記」で、複数の事業を行なう場合には、事業の種類ごとに事業費の内訳を表示するか、あるいは、収益も含めて事業別及び管理部門別に損益の状況を表示するか、いずれかの方法を推奨しています。

外部からの評価の基準は、金額の大小だけではありません。事業費の総額が少額でも、『僅かな事業費にもかかわらず、様々な活動をしているなあ』という評価の方法もあるでしょうし、事業費の使途について『この事業費は、もっと有効な使い方ができるのではないか』という評価の方法があるかもしれません。

また、個々の事業に対する収益を事業費と対応させて各事業の損益を明示することで、事業を遂行する上でどのような経費がどれだけ必要なのか、その経費に見合う収益が得られているのか、といったさらに多くの情報を提供することが可能になります。ＮＰＯ法人が外部へ公開する情報は、できるだけ詳細な方が望ましいのです。

したがって、注記の際の表示は、一番上にその事業年度に行なった事業の名称と管理部門を並べて表示し、その区分ごとに収益は「受取会費」「受取寄付金」「事業収益」、費用は「給与手当」「地代家賃」「旅費交通費」といった勘定科目ごとの金額を記載するようにしてください。（《Q&A》22-2の表〈例2〉を参照）

また、勘定科目はなるべく一般的な勘定科目（ＮＰＯ法人会計基準別表1を参照）を使用し、法人で独自に勘定科目を設定する場合は利用者が容易に内容を推測できるような科目名にするといった工夫も必要でしょう。

「ＮＰＯ法人会計基準第22項」は、018p

「別表1」は、026p

第2部　実務担当者のためのガイドライン

Q 22-2 事業部門と管理部門に共通する経費や、複数の事業に共通する経費はどのように按分するのですか？

A 共通経費の按分は、ＮＰＯ法人の会計で最も理解しにくく、また煩雑な作業を伴う部分です。しかし、共通経費のない法人はまずありませんし、按分という作業（基準となる比率に応じて分けること）をしないと活動計算書は作成できません。ここでは、以下の事例に基づいて按分の手順を説明します。

〈例2　収益も含めて、事業別及び管理部門別に損益の状況を表示するパターン〉

2. 事業別損益の状況

事業別損益の状況は以下の通りです

（単位：円）

科　　　　目	A事業	B事業	C事業	事業部門計	管理部門	合　　計
Ⅰ経常収益						
1. 受取会費					1,000,000	1,000,000
2. 受取寄付金		200,000		200,000	300,000	500,000
3. 事業収益	2,500,000	1,900,000	2,900,000	7,300,000		7,300,000
4. その他収益					50,000	50,000
経常収益計	2,500,000	2,100,000	2,900,000	7,500,000	1,350,000	8,850,000
Ⅱ経常費用						
(1)人件費						
役員報酬					600,000	600,000
給料手当	1,500,000	1,800,000		3,300,000		3,300,000
臨時雇賃金			1,500,000	1,500,000		1,500,000
法定福利費	150,000	200,000		350,000		350,000
人件費計	1,650,000	2,000,000	1,500,000	5,150,000	600,000	5,750,000
(2)その他経費						
売上原価	300,000			300,000		300,000
業務委託費		200,000	800,000	1,000,000		1,000,000
旅費交通費	50,000	30,000	70,000	150,000		150,000
地代家賃	450,000	450,000	450,000	1,350,000	450,000	1,800,000
減価償却費	50,000	50,000	50,000	150,000	50,000	200,000
消耗品費					60,000	60,000
支払手数料					100,000	100,000
雑費					50,000	50,000
その他経費計	850,000	730,000	1,370,000	2,950,000	710,000	3,660,000
経常費用計	2,500,000	2,730,000	2,870,000	8,100,000	1,310,000	9,410,000
当期経常増減額	0	△630,000	30,000	△600,000	40,000	△560,000

［記載例2］は 044p

（［記載例2］より抜粋）

①会費や寄付金、助成金、事業収益といった収益は按分の対象ではありません。事業収益や補助金、助成金、事業目的として使途が特定された寄付金は、それぞれの事業の収益として記載します。正会員や賛助会員の会費、使途不特定の寄付金はそれぞれのＮＰＯ法人で実態に応じて各種事業や管理部門の収益として記載することができます。設例では全額を管理部門に計上しています。

②経費の内容から判断して、明らかに事業の費用として特定できるもの

127

は事業費、明らかに管理部門に係る費用として特定できるものは管理費になります。ここで複数の事業を行なう法人は事業ごとに事業費を分けておきます。

③経費のうち、②で事業費や管理費と容易には判断できないもの、二つ以上の事業の事業費となるものが共通経費です。共通経費には人件費、地代家賃、水道光熱費、通信運搬費、消耗品費、減価償却費等があります。具体的には一人の人が事業部門と管理部門の両方の仕事をしている場合のその人の人件費、一カ所の事務所で複数の事業を行なっている場合の地代家賃や水道光熱費、通信運搬費等です。共通経費は合理的な按分の方法により事業部門と管理部門に分け、②で求めた事業費と管理費に合算します。その際に使用する比率については、「表1　共通経費の按分方法」を参考にしてください。

勘定科目別に合理的と考えられる按分方法の例は、「表2　事業費と管理費の区分」を参照してください。事業内容に変更があった場合等正当な理由がある場合を除き、継続的に毎年同じ方法で按分してください。

表1　共通経費の按分方法

按分の方法	比　率　の　求　め　方　の　例
従事割合	①日報等をもとに算出した各事業に従事した時間数（日数）と管理業務に従事した時間数（日数）の比
	②業務ごとの標準的な従事時間（日数）を定めておいて、それ以外の例外的な従事時間（日数）のみを記録して算出した比
	③管理業務のみ（各事業のみ）の従事時間（日数）を記録し、それ以外の時間（日数）を各事業（管理部門）に従事したものとして算出した比
	④各事業や管理部門への従事者の延べ人数の比
使用割合	①通信記録、車両の走行距離数等の使用記録により算出した各事業または管理部門の使用量の比
	②管理業務のみ（各事業のみ）の標準的な使用量（時間）を定めておいて、それ以外を各事業（管理部門）の使用量（時間）として算出した比
	③延べ利用者数等の比
建物面積比	各事業や管理業務に使用している面積の比
職員数比	各事業や管理業務に従事している職員数の比

※按分の対象となる共通経費の内容や金額の大小に応じて、按分計算にかける事務作業量は各法人で加減してください。たとえば比率が年間を通して一定であると予想される場合には、上記の方法で一定の期間の比率を計算し、それを通年使用しても構いません。

計算例

職員3名分の勤務実績　（1カ月の給与手当　合計　60万円）
A事業 240時間、B事業 180時間、C事業 0時間、管理 60時間、計480時間/月
60万円×240時間/480時間＝30　万円　───A事業の事業費となる給与手当の額
60万円×180時間/480時間＝22.5万円　───B事業の事業費となる給与手当の額
60万円×　60時間/480時間＝　7.5万円　───管理費となる給与手当の額

	A事業	B事業	C事業	管理部門	合　計
給料手当					600,000円
従事時間	240 h	180 h	0 h	60 h	480 h
従事割合	50%	37.5%	0%	12.5%	100%
按分後の金額	300,000円	225,000円	0円	75,000円	600,000円

第2部　実務担当者のためのガイドライン

　なお、法人税の申告をする際には、管理部門の経費（管理費）も、税法上の収益事業（課税対象）と、それ以外の事業に按分することがあり、会計と異なる処理をする場合があるので注意してください。

表2　事業費と管理費の区分

区　分		内　　容		勘定科目の例	費用の内訳の例	共通経費の按分方法
事業費 法人の事業に係る費用 ①＋②a		明らかに個別の事業の経費と特定できる費用① （複数の事業を行なう場合は事業ごとに分ける）		給与手当	事業の専従職員の給与	
				旅費交通費	事業の専従職員の通勤費	
				臨時雇賃金	臨時雇スタッフの日当	
				旅費交通費	臨時雇スタッフの交通費	
				印刷製本費	使途特定の寄付募集チラシの印刷費	
				通信運搬費	切手代	
				消耗品費	看板作成費	
				地代家賃	イベント会場の賃借料	
				………		
	法人全体に係る費用（共通経費）	共通経費のうち 事業部門の経費として配賦される費用　　②a （複数の事業を行なう場合は事業ごとに分ける）		給与手当	事業と管理業務両方に従事する職員の給与	従事割合
				旅費交通費	事業と管理業務両方に従事する職員の交通費	従事割合
				通信運搬費	電話代、インターネット料	従事割合、使用割合、職員数比
				消耗品費	事務用品費	従事割合、使用割合、職員数比
				水道光熱費	電気代、ガス代、水道代	建物面積比、使用割合、職員数比
				地代家賃	事務所家賃、駐車場代	建物面積比、使用割合、職員数比
管理費 法人の管理に係る費用 ③＋②b		共通経費のうち 管理部門の経費として配賦される費用　　②b		減価償却費	建物、車両、備品等	建物面積比、使用割合、職員数比
				保険料	火災保険料	建物面積比、使用割合、職員数比
				租税公課	固定資産税、自動車税等	建物面積比、使用割合、職員数比
				法人税・住民税等		収益・非収益事業の収益比
				………		
		明らかに管理部門の経費と特定できる費用　③				
		1　組織運営、意思決定業務	総会・理事会の開催費用	役員報酬	理事の報酬	
		2　広報、外部報告業務	会報の発行費用	印刷製本費	コピー用紙代、印刷代	
		3　ファンドレイジング業務	会費の徴収のための費用	通信運搬費	切手代	
			使途不特定の寄付金の募集費用	広告宣伝費	寄付募集チラシの印刷	
		4　経理業務		支払報酬	税理士報酬	
		5　人事労務業務		支払報酬	社会保険労務士報酬	
		6　監査業務		役員報酬	監事報酬	
		7　事務所の維持費用	1～6の業務を行なうための事務所や設備の維持費用	地代家賃	事務所家賃、駐車場代	
				減価償却費	建物、車両、備品等	
			管理業務にのみ従事する職員の人件費	給与手当	管理業務の専従職員の給与	
				旅費交通費	管理業務の専従職員の交通費	
				………		

V《Q&A》

129

Ⅵ　その他の事業を実施する場合の区分経理 ──《Q&A》

Q 23-1 定款にその他の事業を掲げているが、実際にはその他の事業を行なっていない場合には、活動計算書はどのように作成するのですか？

A 特定非営利活動促進法第5条1項は、「特定非営利活動法人は、その行う特定非営利活動に係る事業に支障がない限り、当該特定非営利活動に係る事業以外の事業を行うことができる」と規定しています。さらに、同条2項において、「その他の事業に関する会計は、当該特定非営利活動法人の行う特定非営利活動に係る事業に関する会計から区分し、特別の会計として経理しなければならない」と規定しています。

このため、法人が定款にその他の事業を掲げて、特定非営利活動に係る事業以外の事業を行なっている場合には、当ガイドラインの［記載例3］にあるように、活動計算書をその他の事業の会計と特定非営利活動に係る事業に区分して表示しなければなりません。

［記載例3］は、050p

しかしながら、定款には掲げていても、実際にはその他の事業を行なっていなければ、その他の事業の金額はすべて0円になります。このような場合には、活動計算書にその他の事業の欄を設ける必要はないでしょう。

Q 23-2 その他の事業を実施している場合でも、貸借対照表は区分をしなくてもよいですか？

A NPO法人会計基準では、その他の事業を行なっている場合には、活動計算書は区分して表示しますが、貸借対照表を区分して表示するかどうかは、法人の任意となっています。

その理由は、貸借対照表も区分するとなると実務的には相当複雑になり、財務諸表を作成するNPO法人にとって事務負担が増大するからです。また、間違った会計処理にもとづく区分や、恣意的な区分がなされた貸借対照表は、利用者にとってかえって分かりにくいものとなる可能性もあります。

その他の事業を実施している場合に、貸借対照表を区分表示するには、会計処理がどれくらい複雑になるかを、以下の設例でみてみましょう。

〈設例〉消耗品費 50,000 円を現金で支払った。内訳は以下の通り。
　　　　（1）特定非営利活動　35,000 円
　　　　（2）その他の事業　　15,000 円

○貸借対照表を区分しない場合の会計処理

特定非営利活動：（借）消耗品費　35,000　　（貸）現金預金　50,000

その他事業　　：（借）消耗品費　15,000

○貸借対照表を区分する場合の会計処理

（50,000円は特定非営利活動会計で支払い、後日、その他の事業会計と精算する方法）

・支払い時

《特定非営利活動会計》

（借）消耗品費	35,000	（貸）現金預金	50,000
（借）その他の事業会計	15,000		

《その他の事業会計》

（借）消耗品費	15,000	（貸）特定非営利活動会計	15,000

・資金の清算時

《特定非営利活動会計》

（借）現金預金	15,000	（貸）その他の事業会計	15,000

《その他の事業会計》

（借）特定非営利活動会計	15,000	（貸）現金預金	15,000

　このように、貸借対照表を区分表示する場合には複雑な会計処理が必要になります。

Ⅶ　ＮＰＯ法人に特有の取引等 ──《Q&A》

Q 24-1 寄付してもらった資産は公正な評価額で計上すると記載されていますが、公正な評価額とは具体的にどのようなものですか？

A 公正な評価額とは、公正な取引に基づいて成立した価額で、その資産を現金で購入すれば支払うであろう価額をいいます。

資産に応じて公正な評価額は、以下のようなものが想定されます。

①什器備品………正常品については定価、中古品等については売却価額の見積りなどにより公正な評価額を算定します。新品の物については、市場での店頭価格などが参考になると思います。また、中古品についてはリサイクルショップやネットオークションでの取引価格も参考になるかもしれません。

ＮＰＯ法人が支援者の方からパソコンの寄付を受けた場合の仕訳を示すと以下のようになります。公正な評価額は、市場での店頭価格の20万円とします。

　　（借）什器備品　　　　200,000　　　（貸）什器備品受贈益　　200,000

②棚卸資産………正常品については定価、処分品や型落ち品については処分予定価額や使用予定価額などにより公正な評価額を算定します。

アパレルメーカーから型落ちした衣料品の寄付を受け、それをバザーで販売し活動資金を獲得しているＮＰＯ法人を想定した場合の受入時の仕訳を示すと以下のようになります。公正な評価額は、売却予定価額の10万円とします。

　　（借）棚卸資産　　　　100,000　　　（貸）衣料品受贈益　　　100,000
バザーで予定通り10万円で販売した際は以下のような仕訳になります。
　　（借）現金　　　　　　100,000　　　（貸）バザー売上　　　　100,000
　　（借）バザー売上原価　100,000　　　（貸）棚卸資産　　　　　100,000

③土地………近隣の売買実例価額、不動産鑑定士による鑑定評価額、地価公示法に基づく公示価格などにより公正な評価額を算定します。また固定資産税評価額はおおむね地価公示価格の70％を目安に設定されるので固定資産税評価額÷0.7という計算式で公正な評価額を求めることも考えられます。さらに国税庁から発表される路線価はおおむね地価公示価格の80％を目安に設定されます。従って路線価÷0.8により公正な評価額を算定するケースも想定されます。

第2部　実務担当者のためのガイドライン

④建物………近隣の売買実例価額、不動産鑑定士による鑑定評価額、固定資産税評価額から計算された価額、当該建物を新たに取得したと仮定した場合に支出する予想価額などにより公正な評価額を算定します。新築時の取得価額がわかればそこから減価償却費相当額を差し引いたものを評価額としてもいいと思います。

　なお、ＮＰＯ法人を支援する税制として認定ＮＰＯ法人制度があります。この制度は、国税庁から一定の条件を満たすと「認定」された「ＮＰＯ法人」にさまざまな支援税制を提供するものです。その条件の一つにパブリックサポートテストがあり、これは全ての収入のうちに寄付金収入が占める割合が20％以上かどうかを計るものです。20％以上であれば一般市民から支援されている度合いが高い＝公益性が高いと国税庁は判断します。その際の寄付金収入には金銭の寄付だけでなく、上述の現物寄付も含まれます。従って会計上現物寄付を認識したほうが「認定」を受けやすくなります。

Q 24-2 寄付してもらった棚卸資産を販売して対価を得た場合には、活動計算書にどのように表示したらよいですか？

　A 《Q&A》24-1のアンサー②の例にもとづいて説明します。
　棚卸資産の受入時の仕訳を示すと以下になります。
　　①（借）棚卸資産　　　　　100,000　　（貸）衣料品受贈益　100,000
　①の仕訳の衣料品受贈益の100,000円については、経常収益として「衣料品受贈益」として記載されます。この記載により、支援者に対して、現物寄付による資産受け入れの事実をアピールできます。
　その後、バザーでその商品を10万円で販売したとすると以下のような仕訳になります。
　　②（借）現金　　　　　　　100,000　　（貸）バザー売上　　　100,000
　　③（借）バザー売上原価　　100,000　　（貸）棚卸資産　　　　100,000

　②の仕訳のバザー売上100,000円については、経常収益の事業収益のところに記載されます。また③の仕訳のバザー売上原価100,000円は、経常費用のその他経費に記載されます。

　以上の仕訳の結果、活動計算書において次のように表示されます。

活 動 計 算 書

××年×月×日から××年×月×日まで　　（単位：円）

科　　　　目	金	額	
Ⅰ 経常収益			
1. 受取会費			
正会員受取会費	×××		
賛助会員受取会費	×××	×××	
2. 受取寄付金			
受取寄付金	×××		
衣料品受贈益	①100,000	×××	
3. 受取助成金等			
受取民間助成金		×××	
4. 事業収益			
バザー売上		②100,000	
5. その他収益			
受取利息	×××		
雑収益	×××	×××	
経常収益計			×××
Ⅱ 経常費用			
1. 事業費			
(1)人件費			
……………	×××		
人件費計	×××		
(2)その他経費			
バザー売上原価	③100,000		
…………………	×××		
…………………	×××		
その他経費計	×××		

Q | 24-3 | 寄付してもらった棚卸資産を期末まで所有している場合には、活動計算書と貸借対照表にどのように表示したらよいですか？

A 《Q&A》24-1のアンサー②の例にもとづいて説明します。

寄付してもらった棚卸資産を期末まで所有しているということは、その資産を販売する前に決算期末が到来したことを意味します。このため、棚卸資産の受入時の仕訳をしたままの状態が続いている状態を活動計算書と貸借対照表において表示します。

したがって、活動計算書における表示は、経常収益として「衣料品受贈益」100,000円に記載されたままの状態です。

また、貸借対照表における表示は、寄付してもらった棚卸資産が当該法人の手元にあることを示すために、資産の部における流動資産に「棚卸資産」100,000円として表示します。

134

第2部　実務担当者のためのガイドライン

活 動 計 算 書

××年×月×日から××年×月×日まで　　　（単位：円）

科　　　　　目	金　　　　額	
I 経常収益		
1. 受取会費		
正会員受取会費	×××	
賛助会員受取会費	×××	×××
2. 受取寄付金		
受取寄付金	×××	
衣料品受贈益	100,000	×××

貸 借 対 照 表

××年×月×日現在　　　（単位：円）

科　　　　　目	金　　　　額	
I 資産の部		
1. 流動資産		
現金預金	×××	
……………	×××	
棚卸資産	100,000	
……………	×××	
流動資産合計		×××

Q 25-1 　無償又は著しく低い価格で施設の提供等の物的サービスを受けた場合の会計上の基本的な考え方を説明してください。

A 　ＮＰＯ法人は、支援者等の好意で、無償又は著しく低い価格で土地・建物等の不動産やパソコン・車などの動産を使用しているなどといった「物的サービス」の提供を受けることがよくあります。

　このように無償又は著しく低い価格で物的サービスを受けた場合も、パソコン・車などの現物寄付を受けた場合と同様、現金による受取寄付と変わらないので、金銭換算して財務諸表でも表現したい、という理由により、ＮＰＯ法人会計基準では、それを可能とすることにしました。ただし、これは金銭換算して財務諸表で公表したいと望む団体の任意であり、望まない団体は、従来どおり、事業報告書で事実や恩恵等を表示するだけでかまいません。「本来的に金銭換算すべきでない」という団体の考えがある場合は、それを尊重するためと、集計や評価（換算用の単価の決定）に多くの作業が発生するためです。

　無償又は著しく低い価格で提供された物的サービスを金銭換算して財務諸表で公表することを認める例は、これまであまり多くなく、それは、次のような問題点があるからです。

135

（1）提供を受けた事実、数量をどのように集計するか

　サービスのため、個数だけでなく、面積や回数や期間（時間）などの集計が必要で、信頼性のある集計のための仕組みが必要になる。財務諸表の作成は、会計帳簿という集計システムを、その基盤として信頼性の確保を行なっており（ＮＰＯ法人会計基準第４項）、金銭換算して財務諸表で公表するためには、理論的には、会計帳簿と同じ程度に正確に集計することのできる仕組みが必要ということになる。

　（2）どのような単価を使って金銭に換算するか

　単価は、その物的サービスの「公正な評価額」によることになるが、具体的にどのようなものを使えばよいのか。

　この二つの点について、十分に慣行が成熟しているとはいえません。これらの点を考慮し、ＮＰＯ法人会計基準では、二つのレベルを設定することにしています。

レベル１：財務諸表の注記だけに記載して、活動計算書には計上しない
レベル２：活動計算書に計上する

　財務諸表での公表という意味では、レベル２の「活動計算書への計上」が一番分りやすいといえます。しかし、施設等受入評価益などの独立科目で表示するにしても、活動計算書の受取寄付金の一部に含まれるため、「受取寄付金の合計額のすべてが現金による寄付である」と、利用者に理解されたり統計で集計されたりする可能性が大きくなります。従って、他のお金に結びついた科目の数字と同じレベルの信頼性が必要と考えられます。

　一方、レベル１の「注記への記載だけで活動計算書には計上しない」場合は、こうした点からすると、レベル２に比較して、やや信頼性が低くてもよい、と考えられます。

　こうした考え方に立って、ＮＰＯ法人会計基準では、それぞれを可能とする信頼性の程度として、レベル１を「金額を合理的に算定できる場合」、レベル２は、それに加えて「金額を外部資料等により客観的に把握できる場合」という用語で表現しています。

　以上を具体的に説明すると、次のようになります。

①無償又は著しく低い価格で提供された物的サービスについては、特に会計上の処理や財務諸表への表示は行なわない。
　　　（※財務諸表への金銭的な表示は必要ないですが、事業報告書等にその事実や恩恵等を表示することが望ましいと言えます）

但し

②財務諸表への表示を行なうことができる。

②-1【ステップ1】：その物的サービスの金額を「合理的に算定できる場合」には、「財務諸表に注記」することができる。
（※注記するか、しないか、を選択できる）

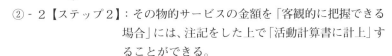

②-2【ステップ2】：その物的サービスの金額を「客観的に把握できる場合」には、注記をした上で「活動計算書に計上」することができる。
（※活動計算書に計上するか、しないか、を選択できる。もちろん、注記だけにすることも選択できる）

　何らかの形で金銭換算して財務諸表でも公表したいと考える団体では、提供を受けた物的サービスの重要性と、金銭換算のための手間を勘案して、事業報告書に記載することに加えて、財務諸表に注記したり、活動計算書に計上することを検討されればよい、と思います。

　なお、「合理的に算定できる場合」や「客観的に把握できる場合」の具体例は、《Q&A》26-3を参照してください。
　また、財務諸表に注記する場合や活動計算書に計上する場合の具体例は、《Q&A》26-4や《Q&A》26-5を参照してください。

《Q&A》26-3 は、142p
《Q&A》26-4 は、143p
《Q&A》26-5 は、145p

 26-1 ボランティアによる役務の提供を受けた場合の会計上の基本的な考え方を説明してください。

　A　ＮＰＯ法人は、ボランティアによる無償や著しく低い価格での労力の提供に支えられている部分が非常に多く、これは営利企業などには見られない特色となっています。一方で、ボランティアの労力を金額評価しないことにより、ＮＰＯ法人の真の活動規模が過小評価されているとの問題もかねてから指摘されています。つまり、営利企業などでは、事業の実施に必要な労力は金銭を支払って調達するのが一般的なので、人件費の金額が大きくなる傾向があるのに対して、ＮＰＯ法人の場合には、ボランティアとして労力が提供されることも多いので、人件費の金額が低くなる傾向があることから、適正な財務比較ができないといった問題があります。
　こうした問題点に対応しようという理由から、ＮＰＯ法人会計基準では、

ボランティアによる労力の提供を金銭換算して財務諸表でも公表することを可能にすることにしました。ただし、これは金銭換算して財務諸表で公表したいと望む団体の任意であり、望まない団体は、従来どおり、事業報告書で事実や恩恵等を表示するだけでかまいません。「本来的に金銭換算すべきでない」という団体の考えがある場合は、それを尊重するためと、集計や評価（換算用の単価の決定）に多くの作業が発生するためです。

弁護士などの専門的な技能を持つ人だけではなく、全てのボランティアによる労力の提供を金銭換算して財務諸表で公表することを認める例は、これまでほとんどなく、それは、次のような問題点があるからです。

ボランティアによる労力提供は、無償又は著しく低い価格での物的サービスの提供と基本的に同じなので、《Q&A》25-1 で説明した、集計のための信頼できる仕組みと、金銭換算に使用する単価をどうするか、という問題があります。

《Q&A》25-1 は、135p

さらに、団体によっては、なるべく多くのボランティアに参加してもらうことが、団体の活動そのものだったり、団体の活動を知ってもらうための方策だったりする場合があります。そのような場合は、「必要な労力を金銭を支払って調達する場合と同様に事業実施に必要なコストを把握したい」という財務諸表で公表する目的とは違います。こうした点から、ＮＰＯ法人会計基準では、「活動の原価の算定に必要なボランティアを金銭換算して評価することができる」としています。

このように、ボランティアを金銭換算して財務諸表で公表するためには、原価算定目的への限定を含めて三つの条件が必要になります。しかし、これらについては、まだ、十分に慣行が成熟しているとはいえませんので、ＮＰＯ法人会計基準では、物的サービスの提供と同様に、二つのレベルを設定することにしています。

　レベル１：財務諸表の注記だけに記載して、活動計算書には計上しない
　レベル２：活動計算書に計上する

二つのレベルの持つ意味や、それを可能とする信頼性の程度を、レベル１：「金額を合理的に算定できる場合」、レベル２：「金額を客観的に把握できる場合」という用語で表現しているところは物的サービスの提供と同じですが、三つ目の比較可能な原価算定という目的から、ボランティアの金銭換算によって原価が過大に計上されるような事態を防止する意味で、信頼性の確保の必要性は、より大きいということできます。また、「比較可能な原価の算定を行なおう」という考えのない団体は、金銭換算を検討する必要はないことになります。

以上を具体的に説明すると、次のようになります。

①ボランティアによる役務の提供については、特に会計上の処理や財務諸表への表示は行なわない。

（※しかし、事業報告書等にボランティア参加の事実や恩恵等を表示することでより活動の様子を伝えることができます）

但し

②財務諸表への表示を行なうことができる。

②-1【ステップ1】：そのボランティアによる役務の提供が「活動の原価の算定に必要な受入額である場合」か？

で必あ要るな場受合入額

で必な要場い合受入額

②-2【ステップ2】：そのボランティアによる役務の提供の金額を「合理的に算定できる場合」には「財務諸表に注記」することができる。

（※注記するか、しないか、を選択できる）

さらに

②-3【ステップ3】：そのボランティアによる役務の提供の金額を「客観的に把握できる場合」には、注記をした上で「活動計算書に計上」することができる。

（※活動計算書に計上するか、しないか、を選択できる。もちろん、注記だけにすることも選択できる）

なお、「活動の原価の算定に必要な受入額である場合」の具体例は《Q&A》26-2を、「合理的に算定できる場合」や「客観的に把握できる場合」の具体例は、《Q&A》26-3を参照してください。

また、ボランティアによる役務の提供の金額を財務諸表に注記する場合や活動計算書に計上する場合の具体例は、《Q&A》26-4や《Q&A》26-5を参照してください。

《Q&A》26-2 は、140p

《Q&A》26-3 は、142p

《Q&A》26-4 は、143p
《Q&A》26-5 は、145p

Q 26-2 ボランティアの受け入れについて「活動の原価の算定に必要なボランティアによる役務の提供」とは具体的にどのようなケースですか？

A ＮＰＯ法人会計基準では、ボランティアの受け入れを財務諸表に注記したり、あるいは活動計算書に計上する目的を、主に「必要な労力を金銭を支払って調達した場合、事業実施に必要となるコストを把握したい」ということにおいています。

したがって、「活動の原価の算定に必要なボランティア」とは、事業の実施に当たって、金銭を支払っても必要とされる範囲のボランティアの労力を指します。

そのため、ここでは対外的な事業や活動において従事しているボランティアを想定しており、単に組織内部の日常的な管理業務を行なうためのボランティアについては、「活動の原価の算定に必要なボランティア」として、金銭換算した評価や財務諸表への計上を行なうことは困難であると思われます。ただ、ボランティアの金銭換算による財務諸表での公表は、これまで、ほとんど例がなく、慣行も成熟していないので、今後の実際の事例の中で、引き続き検討してゆくことが必要だと考えています。

「活動の原価の算定に必要なボランティア」の具体的な事例として、
○国際会議やイベントでの通訳ボランティア
○パソコン教室の講師ボランティア
○フリーペーパー発行のための取材・編集ボランティア
○虐待やDV（ドメスティックバイオレンス）、多重債務者に対する電話相談の受け手ボランティア
○開発途上国で難民支援をするボランティア
○ホームページの作成・更新のためのＩＴスキルを持ったボランティア
　などが挙げられます。

「活動の原価の算定に必要なボランティア」と認識することが困難な事例として、
○通常の日常管理業務に従事している無報酬の理事等
○通常の日常管理業務の補助作業に従事するインターンシップの学生等
○同様の事業を行なっている営利企業の平均的な給与水準より低い給与支給額で従事している有給スタッフ等
　などが挙げられます。

ただし、組織内部の日常的な管理業務であっても、専門性を有し、そのボランティアがいなければ、外部の専門的な知識や技術等を有する者に依頼しなければならないような場合は、「活動の原価の算定に必要なボランテ

140

ィア」として評価することも可能と思われます。

　また、ボランティアの受け入れは、施設の無償提供の場合と異なり、ボランティアの自主性を尊重して多数のボランティアを受け入れている場合、その活動が必要とする本来の労力を超えてボランティアのご協力をいただくことがあります。その場合に、その受け入れたボランティア全員の評価額を算定すると、活動の原価（コスト）が必要以上に大きくなってしまう恐れがあります。
　そこで、活動の原価を算定するにあたって「必要な受入額」だけを金銭換算して公表することにしています。

　「活動の原価を算定するにあたって必要な受入額」を算出換算するには、次のような具体例が考えられます。

〈具体例１〉
　通訳のボランティアを10名必要として募集したところ、15名の方が応募されたので、その15名全員をボランティアとして受け入れ、5名は補助的な業務や補完的な役割として従事してもらった場合、その活動の原価を算定するにあたって必要な受入額は10名分となり、5名分は算定しません。

〈具体例２〉
　フリーペーパーの取材・編集作業を行なうために、1人当り40時間程度の作業を行なうボランティアを5名の200時間（5名×40時間）が必要と想定していたところ、8名を採用し、1人当り20時間の作業を行なった場合、活動の原価を算定するにあたって必要な受入額は160時間（8名×20時間）分となります。

〈具体例３〉
　ホームレス支援のために、3台の電話を設置して、電話相談ボランティア30名が登録し、年間述べ360日、常に3名のボランティアが交代制で電話相談に対応した場合、活動の原価を算定するにあたって必要な受入額は1,080日（360日×3名）分となります。

Q 26-3 無償又は著しく低い価格で施設の提供等の物的サービスを受けた場合やボランティアの受け入れをした場合において、「合理的に算定できる場合」や「客観的に把握できる場合」とは具体的にどのような場合ですか？

A 「合理的に算定できる場合」や「客観的に把握できる場合」とは、無償による物的サービスやボランティアを金銭換算して財務諸表で公表する場合に、注記だけにするか、活動計算書に計上するか、に応じて必要とされる金銭評価の仕組みの信頼性の程度を示しています。信頼性の確保のためには、人数、時間数、面積などの集計の仕組みと、換算のための単価の決定という二つの要素が必要です。営利企業でも、不動産の交換や退職給付費用の算定など、短期的に金銭化されないケースでの金銭評価の困難さが議論されて来ており、これまで事例の少ない物的サービスの無償提供や、ボランティアの金銭評価については、今後の実際の事例の積み重ねの中で慣行が成熟していくものと考えられます。

　「合理的に算定できる場合」(財務諸表に注記できる場合)とは、その金額の算定のために、信頼できる集計の仕組みと金銭換算のための単価の使用があることを言います。そのためには、ボランティアの従事時間や車両の走行距離、施設の利用時間等の適切な集計の単位を設定し、信頼性のある資料から、漏れなく（網羅性）、正しく（正確性）、責任のある者によって（正当性）集計される仕組みを作って運用することが必要です（これらの要件は、会計帳簿で必要とされているものと同じです）。また、適切な単価によって評価することも必要です。こうした金銭換算の「算定方法」も財務諸表に注記することにしています。

　次のような具体的な事例が考えられます。

○会議室を無償で借りた際に、使用した時間や広さを正確に記録し、過去において、同様な地域や規模や設備等の会議室を借りた際の1㎡当りの単価を参考にして決定した単価で金銭換算した。

○イベント時に、個人から車を無料で借りた際に、走行距離を記録し、所有者が経験上把握していた1キロ当りの維持費を参考にして算定した単価で金銭換算した。

○事務所を無償で借りている場合に、使用している月数に、不動産屋の店頭で把握した近隣の類似の建物の1㎡当りの賃貸料金を参考にして決定した単価で金銭換算した。

○パソコンの得意な会員にホームページの作成を無料（ボランティア）で行なってもらった際に、他のNPO法人の同様な業務の委託料を参考にして算定した。

○10名の通訳のボランティアの活動を、その時間数を記録し、過去の平均

的な通訳料を参考に算定した単価で金銭換算した。

「客観的に把握できる場合」（活動計算書に計上できる場合）とは、「合理的に算定できる場合」の要件に加えて、計上されている金額を、外部資料等によって把握できることを意味しています。例えば、イベント会場の無償提供を受けた施設の部屋別の利用料金表が、その施設のホームページに掲載されており、無償提供された施設名と部屋名を財務諸表の注記に記載することによって、金銭換算した金額をインターネットで確認することができる場合などです。なお、単価については、この他、地域の最低賃金、専門家団体の料金表、派遣会社の業種別賃金、地域の賃金統計等が資料として使用できるでしょう。

次のような具体的な事例が考えられます。
○会議室を無償で借りた際に、当会議室が一般に公開している料金表をもって算定した。
○イベント時に、レンタカー会社から車を無料で借りた際に、当レンタカー会社の料金表をもって算定した。
○事務所を無償で借りている場合に、不動産管理会社が一般の入居予定者に提示している当該物件の賃貸料金をもって算定した。
○プログラマーにホームページの更新作業を無料（ボランティア）で行なってもらった際に、当プログラマーから過去に頂いた請求書の報酬単価をもって算定した。
○10名の通訳のボランティアの活動を、外部の通訳派遣会社から頂いた経験年数等に応じた報酬表を参考にボランティアごとに算定した。

なお、上記の何れの会計処理を選択する場合においても、資料を継続的に記録・保管すると共に、経理担当者などだけが単独で判断せず、できるだけ複数の関係者で協議して算定することが望ましいと言えます。

Q 26-4 無償又は著しく低い価格の施設の提供等による物的サービスの受け入れやボランティアの受け入れに関する財務諸表の注記の方法について教えてください。

A 無償又は著しく低い価格の施設の提供等による物的サービス等を受け入れた場合やボランティアの受け入れをした場合で、それらを金銭換算して財務諸表で公表することを選択した場合は、重要な会計方針に「どのような会計処理を行なったか」を記載するとともに、金銭換算した金額、その内訳（日数、時間数などの数量や換算に使用した単価など）、算定の方法、を記載します。内訳や算定方法などを記載する目的は、利用者に信頼性の程度を理解してもらうためです。

具体的には、以下のように考えます。

1. 無償又は著しく低い価格の施設の提供等による物的サービス等の受け入れやボランティアの受け入れをした場合で、その物的サービスやボランティアの評価額を「合理的に算定できる場合」には、「財務諸表に注記できる」ことになっています。
（注記することが強制されているわけではありません）
この場合の注記の記載例として、

1．重要な会計方針
　　（省略）
（5）施設の提供等の物的サービスを受けた場合の会計処理
　　　施設の提供等の物的サービスの受入れは、「4.施設の提供等の物的サービスの受入の内訳」として注記しています。
（6）ボランティアによる役務の提供の会計処理
　　　ボランティアによる役務の提供は、「5.活動の原価の算定にあたって必要なボランティアによる役務の提供の内訳」として注記しています。
　　（省略）

4．施設の提供等の物的サービスの受入の内訳

内　　訳	金　　額	算定方法
○○会議室の無償利用	××××円	近隣の類似の会議室の利用料金を参考にして算定しています。

5．活動の原価の算定にあたって必要なボランティアによる役務の提供の内訳

内　　訳	金　　額	算定方法
○○事業相談員■名×■日間	××××円	単価は××地区の相談員の平均賃金を参考にして算定しています。

---

2. 無償又は著しく低い価格の施設の提供等による物的サービス等の受け入れやボランティアの受け入れの事実はあったが、その事実について、会計上の処理をしないことを選択した場合には、原則として、財務諸表には何も注記する必要はありません。

3. 無償又は著しく低い価格の施設の提供等による物的サービス等の受け入れやボランティアの受け入れの事実はあったが、その事実について、特に会計上の処理をしないことを選択した場合においても、それらの受け入れの事実があったことを財務諸表に注記することは許容されるでしょう。
この場合の注記の記載例として、

144

第2部　実務担当者のためのガイドライン

```
１．重要な会計方針
　　（省略）
　（5）施設の提供等の物的サービスを受けた場合の会計処理
　　　　施設の提供等の物的サービスの受入れはありましたが、そのサー
　　　ビスに関する会計上の処理は行なわず、財務諸表の注記も活動計算書
　　　の計上もしていません。
　（6）ボランティアによる役務の提供の会計処理
　　　　ボランティアによる役務の提供はありましたが、その役務の提供に
　　　関する会計上の処理は行なわず、財務諸表の注記も活動計算書の計
　　　上もしていません。
　　（省略）
```

４．無償又は著しく低い価格の施設の提供等による物的サービス等の受け
　　入れやボランティアの受け入れの事実が無かった場合や特にそれらの
　　事実を会計処理上把握する必要性がないと判断した場合などには、原
　　則として、財務諸表には何も注記する必要はありません。

Q 26-5 無償又は著しく低い価格の施設の提供等による物的サービス等を受け入れた場合や
ボランティアの受け入れをした場合で、活動計算書へ計上する場合はどのように表示
したらよいですか？

A 無償又は著しく低い価格の施設の提供等による物的サービス等を受
け入れた場合やボランティアの受け入れをした場合で、「客観的に把
握することができる場合」には、財務諸表の注記に加えて、活動計算書へ
計上することができます。（活動計算書に計上することが強制されているわ
けではありません。注記だけとすることもできます。）

　　活動計算書に計上することを選択した場合には、その会計方針や算定方
法等を財務諸表に注記すると共に、活動計算書の経常収益の部に「施設等
受入評価益」や「ボランティア受入評価益」、経常費用の部に「ボランティ
ア評価費用」や「施設等評価費用」等の科目を設けて表示します。

１．活動計算書に計上する場合の注記の記載例

```
１．重要な会計方針
　　（省略）
　（5）施設の提供等の物的サービスを受けた場合の会計処理
　　　　施設の提供等の物的サービスの受入れは、活動計算書に計上していま
　　　す。また、計上額の算定方法は、「４．施設の提供等の物的サービスの
　　　受入の内訳」に記載しています。
　（6）ボランティアによる役務の提供の会計処理
　　　　ボランティアによる役務の提供は、活動計算書に計上しています。ま
　　　た、計上額の算定方法は、「５．活動の原価の算定にあたって必
```

Ⅶ
《Q&A》

145

要なボランティアによる役務の提供の内訳」に記載しています。
　（省略）

４．施設の提供等の物的サービスの受入の内訳

内　　訳	金　　額	算定方法
○○体育館の 無償利用	×××円	○○体育館の一般市民が利用する場合の利用料金表により算定しています。

５．活動の原価の算定にあたって必要なボランティアによる役務の提供の内訳

内　　訳	金　　額	算定方法
弁護士１名 延べ■時間	×××円	○○弁護士事務所で公表されている一般的な法律相談の時間単価により算定しています。

２．活動計算書の記載例

活　動　計　算　書
×× 年 × 月 × 日から ×× 年 × 月 × 日まで

（単位：円）

科　　　　目	金　　　　額		
Ⅰ経常収益			
1. …………			
…………	×××	×××	
2. 受取寄付金			
…………	×××		
施設等受入評価益	××		
ボランティア受入評価益	××	×××	
3. …………		××××	
経常収益計			××××
Ⅱ経常費用			
1. 事業費			
(1)人件費			
…………	×××		
ボランティア評価費用	××		
人件費計	×××		
(2)その他経費			
…………	×××		
施設等評価費用	××		
その他経費計	×××		
事業費計		××××	
2. 管理費			
(1)人件費			
…………	×××		
人件費計	×××		
(2)その他経費			
…………	×××		
その他経費計	×××		
管理費計		××××	
経常費用計			××××
当期経常増減額			×××
（以下省略）			

第2部　実務担当者のためのガイドライン

なお、「施設等受入評価益」と「施設等評価費用」、「ボランティア受入評価益」と「ボランティア評価費用」はそれぞれ同額を計上します。

Q 27-1 使途が制約された寄付金等について、制約が解除された場合とは具体的にどのような状況を意味するのでしょうか

A 使途が制約された寄付金等には、明確な目的に使用されるべき目的の制約、将来の一定期間または特定日以後に解除される時間の制約、あるいは両者を含むものに区分されます。こうした使途の制約は、受け入れた資産の制約目的が達成されたとき、時間が経過したとき、あるいはその両者が達成されたときに解除されます。この制約解除についての情報は、ＮＰＯ法人が現在の会計期間の活動のために、過去の会計期間で得られた資産の使途制限の範囲を示すために重要な項目となります。さらに、制約の解除を認識することは、その会計期間終了時における使途が制限された受入資産の内容を確認するためにも大変重要になります。

このため、使途が制約された寄付金等について、制約が解除された場合には注記の「使途が制約された寄付等の内訳」の当期減少額の欄に記載します。

具体的には、次のような状況を制約の解除として記載します。

（1）寄付者等の意思で定められた使途等が完了した場合

① 地震被災者に支援物資を届けることを目的とする金銭の寄付

支援物資を購入した時ではなく、実際に被災者に届けた時に制約は解除されたと考えます。

②ＤＶのシェルターとして使用するための土地及び建物の寄付

土地は、永久に制約の解除はありません。ただし、建物については、減価償却費に相当する金額は、使途に従って使用されたので、その部分の制約は解除されたと考えます。

③奨学基金として使用するための現金預金の寄付

預金利息を奨学金の給付とし、奨学基金は元本として永久に保持することが条件であれば、永久に制約の解除はありません。現預金を取り崩して奨学金の給付に充てることが条件であれば、給付した金額が制約の解除と考えます。

④事業に使う備品や車両等を購入する目的の金銭の寄付

購入した備品や車両等の取得価額のうち、減価償却費に相当する金額について、制約が解除されたと考えます。ただし、備品や車両等に使途が指定されている寄付金等の場合は、購入して事業のために使用を開始した時に、制約が解除されたとみなすこともできます。これは通常、備品や車両に対する耐用年数は短く、建物のように耐用年数にわた

VII
《Q&A》

147

って減価償却のつど制約の解除と考える原則的な方法をあえて要求しないでも、結果的に利用者の判断を誤らせることはないであろうとの考えから、簡便な方法を認めたものです。

なお「備品や車両等」となっていますので、「等」の中には何が入るのだろうと思われるかもしれません。上記に述べたようにあくまで簡便法なので、その趣旨から考えて耐用年数が短く、金額的にも重要性が低いものに限定されるでしょう。

⑤ 5年間保有することを条件に贈与を受けた株式の寄付

5年間が経過したときに制約が解除されたと考えます。

（2）制約が解除されていない資産が災害等により消失した場合

消失した部分は、寄付の目的を果たすことができなくなったので、消失した部分について制約が解除されます。

（3）制約が解除されていない資産の時価が著しく下落した場合

時価のある資産の時価が著しく下落した場合には、寄付者の直接的な意図でないにしろ、物理的な滅失と同様に考え、滅失した部分について制約が解除されます。

なお、以上述べたことは制約の解除に関してのことですが、当然重要性の原則が適用されますので、非常に重要性の乏しい寄付金等のすべてに上記の方法を適用してほしいとしているわけではありません。ただ使途に制約のある寄付金等に関しては、受入金額、減少額、次期繰越額を注記することとなっていますので、重要性の判断（注記事項とするか否か）は、制約の解除の時というより、最初の受入時点で行なうことになります。重要性が乏しい場合には、最初から使途に制約のある寄付金等として取扱う必要はありません。

 27-2 使途が制約された寄付金等について重要性が高い場合の会計処理について具体例を挙げて説明してください。

 〈設例〉

地震被災者支援のための寄付金を以下のように受け入れた。

① 寄付金の使途に関する制約 ……○○地震被災者を援助するために、援助物資を購入し、被災者のもとへ届ける。
② 当年度受入寄付金の総額 ……　　5,000万円
③ 援助用物資の購入 ……当年度5,000万円
④ 援助用物資の被災者への提供……当年度2,000万円、翌年度3,000万円

148

第2部　実務担当者のためのガイドライン

　設例にもとづく仕訳を示せば、次のようになります。

①寄付金の受入時

（借）現金預金　　　　　 50,000,000　　（貸）受取寄付金〈指定〉50,000,000

「現金預金」を貸借対照表の流動資産に計上するとともに、「受取寄付金」を活動計算書の指定正味財産増減の部（増加）に計上します。

②援助用物資 5,000 万円の購入時

（借）被災者援助物資　 50,000,000　　（貸）現金預金　　　　　　 50,000,000

「被災者援助物資」を貸借対照表の流動資産に計上するとともに、「現金預金」を貸借対照表の流動資産の減少とします。

③被災者へ援助物資 2,000 万円を届ける。

（借）事業費：援助用消耗品費　　　　　　20,000,000

　　　　　　　　　　（貸）被災者援助物資　　　　　　20,000,000

「援助用消耗品費」を活動計算書の一般正味財産増減の部（増加）に計上するとともに、「被災者援助物資」を貸借対照表の流動資産の減少とします。

④寄付者による制約の解除額を一般正味財産へ振替える。

（借）一般正味財産への振替額〈指定〉　20,000,000

　　　　　　　　　　（貸）受取寄付金振替額〈一般〉　20,000,000

「一般正味財産への振替額」を活動計算書の指定正味財産増減の部（減少）に計上するとともに、「受取寄付金振替額」を活動計算書の一般正味財産増減の部（増加）に計上します。

　以上の仕訳にもとづく財務諸表の表示は、次のようになります。

活 動 計 算 書
××年×月×日から××年×月×日まで

（単位：円）

一般正味財産増減の部	
Ⅰ 経常収益	
受取寄付金振替額	20,000,000
･･	
Ⅱ 経常費用	
1　事業費	
援助用消耗品費	20,000,000
･･	
指定正味財産増減の部	
受取寄付金	50,000,000
･･	
一般正味財産への振替額	△20,000,000

Ⅶ
《Q&A》

149

貸　借　対　照　表
××年×月×日現在

（単位：円）

Ⅰ	資産の部	
	1　流動資産	
	被災者援助物資	30,000,000
	……………………	
Ⅱ	負債の部	
	……………………	×××
Ⅲ	正味財産の部	
	1　指定正味財産	30,000,000
	2　一般正味財産	×××

財務諸表の注記

指定正味財産から一般正味財産への振替額の内訳
1．指定正味財産から一般正味財産への振替額の内訳は、次のとおりです。

（単位：円）

内　　　　　容	金　　額
経常収益への振替額	
当年度の被災者支援に対する振替額	20,000,000
…………………………………	×××
合　　　　　計	×××

2．指定正味財産から一般正味財産への振替による事業別損益の状況は、次のとおりです。

科　　　　　目	A事業	B事業	災害援助事業	事業部門計	管理部門	合　　計
一般正味財産増減の部						
Ⅰ経常収益						
1. 受取会費					1,300,000	1,300,000
2. 受取寄付金		200,000	20,000,000	20,200,000		20,200,000
3. 事業収益	2,500,000	1,900,000		4,400,000		4,400,000
4.その他収益					200,000	200,000
経常収益計	2,500,000	2,100,000	20,000,000	24,600,000	1,500,000	26,100,000
Ⅱ経常費用						
1.人件費	1,650,000	2,000,000		3,650,000	600,000	4,250,000
2.その他経費	850,000	800,000	20,000,000	21,650,000	700,000	22,350,000
経常費用計	2,500,000	2,800,000	20,000,000	25,300,000	1,300,000	26,600,000
当期一般正味財産増減額	0	△700,000	0	△700,000	200,000	△500,000
前期繰越一般正味財産額	100,000	100,000	0	200,000	100,000	300,000
次期繰越一般正味財産額	100,000	△600,000	0	△500,000	300,000	△200,000
指定正味財産増減の部						
Ⅰ受取寄付金			50,000,000	50,000,000		50,000,000
Ⅱ一般正味財産への振替額			△20,000,000	△20,000,000		△20,000,000
当期指定正味財産増減額			30,000,000	30,000,000		30,000,000
前期繰越指定正味財産額						
次期繰越指定正味財産額			30,000,000	30,000,000		30,000,000
次期繰越正味財産額	100,000	△600,000	30,000,000	29,500,000	300,000	29,800,000

第2部　実務担当者のためのガイドライン

Q 27-3 特定資産とはなんですか？

A ＮＰＯ法人会計基準注解13に「特定の目的を有する場合には、流動資産の部又は固定資産の部において当該資産の保有目的を示す独立の科目で表示する。」と規定されています。また別表2貸借対照表の科目には、「1.流動資産」及び「2.固定資産（3）投資その他の資産」に「○○特定資産」が例示されています。

「特定の目的を有する場合」とは、目的を明示する勘定科目で表示する方が、財務諸表利用者にとって分かりやすいと、法人が判断する場合を意味していますが、その場合には、原則として、分別管理が前提となります。

使いみちを約束して受け入れた寄付（使途が制約された寄付）がある場合、受け入れた資産について、どのような勘定科目で表示するかについては、ＮＰＯ法人会計基準は述べていません。したがって、特定資産の科目を使用せずに、他の科目に含めて表示することもできます。しかしながら、「寄付者との約束を守るためには、他の資産と区分して分別管理することが必要であり、かつ、目的を明示する勘定科目を使用することが財務諸表利用者にとって分かりやすい」とＮＰＯ法人が判断した場合には、それは「特定の目的を有する場合」に該当しますので「○○特定資産」として表示することになります。また、注記などによって、特定資産として表示した資産の内容が分かるようにすることが望ましいと言えます。

注記の例：貸借対照表の固定資産（3）投資その他の資産に計上されている○○基金事業用資産は定期預金です。

なお、使いみちを約束して受け入れた寄付（使途が制約された寄付）がある場合には、「使途等が制約された寄付等の内訳」として財務諸表に注記することが必要です。

Q 28-1 未使用額の返還義務がある使途が制約された補助金等について、対象事業の途中で決算期末を迎えた場合の会計処理を、具体例を挙げて説明してください。

A 助成金や補助金には、対象事業及び実施期間が定められ、未使用額の返還義務が規定されているものが多くあります。このような補助金等について、実施期間とＮＰＯ法人の会計期間が異なるため実施期間中に決算期末が到来し、決算期末時点では、先に受け取った補助金等のすべてを使い切っていない場合があります。このような場合には、受け取った補助金等のうち、事業年度末に使用していない部分については、当期の収益にせずに「前受助成金」「前受補助金」など、負債に計上します。

Ⅶ
《Q&A》

151

以下、具体例を示します。

〈具体例〉

○○助成財団から、××事業を×年4月1日から×1年3月31日の期間で実施すること目的として助成金1,000万円の交付を受けました。当該助成金は、未使用額については返還義務が課されています。なお、助成金は×年4月に全額入金されました。

助成金を受け入れたNPO法人の決算期末は12月です。事業の実施は×年12月31日の段階では、当該事業に係る費用600万円を計上しています。

〈×年の会計処理〉

助成金入金時

（借）現金預金　　10,000,000　　（貸）受取助成金　10,000,000

期中処理

（借）××事業費（具体的には、該当する勘定科目）　6,000,000

（貸）現金預金　　6,000,000

期末処理

（借）受取助成金　4,000,000　　（貸）前受助成金　4,000,000

〈解説〉

以上の処理の結果、活動計算書（×年1月1日から×年12月31日）では、受取助成金600万円、事業費用600万円が計上され、使途等が特定された寄付金等として注記の対象となります。一方未使用額400万円は「前受助成金」として負債に計上されます。

なお、翌期には事業が終了しますから、活動計算書（×1年1月1日から×1年12月31日）では、受取助成金400万円、事業費用400万円が計上され、使途等が特定された寄付金等として注記の対象となります。

〈×年の注記例〉

6．使途が制約された寄付等の内訳

使途が制約された寄付等の内訳は以下の通りです。当法人の正味財産は○○円ですが、そのうち使途が制約された財産はありません。

（単位：円）

内　　　容	期首残高	当期増加額	当期減少額	期末残高	備　　考
○○助成団体助成金	0	6,000,000	6,000,000	0	××事業用として交付を受けた助成金1,000万円のうち、未使用で返還義務のある400万円は前受助成金として負債に計上しています。

〈注記の解説〉

　この注記の「当期増加額」には、実際に入金した助成金の額ではなく、あくまでも当期に計上した受取助成金の額（収益計上額）を記載し、助成事業の実施済みの費用の額を「当期減少額」に記載します。この「当期増加額」と「当期減少額」は同額となるので「期末残高」は０となります。これは、事業未実施相当額は、貸借対照表の負債（前受助成金）に計上されるため期末正味財産には含まれておらず、従って「期末残高」にも記載されないことを意味しています。補助金等に返還義務がない場合は、全額が受取助成金として収益に計上され、事業を実施していない未使用額が期末正味財産に含まれるため、注記にその金額を記載し、「期末残高」にも記載することになります。ただ、こうした収益計上額以外に、助成金等の総額や、決算期末での未使用額も一緒に見ることができる方がわかりやすいので、こうした情報を注記の「備考」欄に記載することが望ましいとしています。

〈×１年の会計処理〉

　（借）前受助成金　4,000,000　　（貸）受取助成金　4,000,000

〈×１年の注記例〉

６．使途が制約された寄付等の内訳

　使途が制約された寄付等の内訳は以下の通りです。当法人の正味財産は○○円ですが、そのうち使途が制約された財産はありません。

（単位：円）

内　　　容	期首残高	当期増加額	当期減少額	期末残高	備　　考
○○助成団体助成金	0	4,000,000	4,000,000	0	××事業として前期に交付を受けた助成金1,000万円のうち、前期未使用で返還義務のあった400万円は前期に前受助成金として負債計上していましたが、当期に事業の実施に伴い受取助成金として計上しています。

Q 29-1 後払いの補助金等（補助金等の交付が対象事業終了後となるもの）の会計処理について、具体例を挙げて説明してください。

A 補助金等については、交付決定がされていても、事業が先に実施され、補助金等の交付は決算期をまたいで、翌期に交付される場合があります。このような、後払いの補助金等で、まだ入金されていない補助金等についても、対象事業の実施に伴って当期に計上した費用に対応する金額を、未収補助金等として、今期の収益に計上します。

以下、具体例を示します。

〈具体例〉

（この例は、助成金が後払いであること以外は、《Q&A》28-1 と同じです）

> ○○助成財団から、××事業を×年 10 月 1 日から×1 年 3 月 31 日の期間で実施すること目的として助成金 1,000 万円の交付が決定しました。なお、実際の助成金の交付は事業終了後に行なわれます。
> 事業を行なう N P O 法人の決算期末は 12 月です。×年 12 月 31 日の段階では、当該事業に係る費用 600 万円を計上しています。

〈×年の会計処理〉

この場合には、事業年度末で以下の仕訳を行ないます。

（借）未収助成金　6,000,000　　（貸）受取助成金　6,000,000

〈解説〉

活動計算書（×年 1 月 1 日から×年 12 月 31 日）では、受取助成金 600 万円、事業の費用 600 万円が計上され、使途等が特定された寄付金等として注記の対象となります。

一方、貸借対照表には未収助成金 600 万円が計上されます。なお、翌期に事業が予定通り終了するとして、活動計算書（×1 年 1 月 1 日から×1 年 12 月 31 日）では、受取助成金 400 万円、事業の費用 400 万円が計上され、使途等が特定された寄付金等として注記の対象となります。

〈×年の注記例〉

6．使途が制約された寄付等の内訳

　　使途が制約された寄付等の内訳は以下の通りです。当法人の正味財産は〇〇円ですが、そのうち使途が制約された財産はありません

（単位：円）

内　　　容	期首残高	当期増加額	当期減少額	期末残高	備　　　考
〇〇助成団体助成金	0	6,000,000	6,000,000	0	××事業として当期に交付の決定を受けた助成金1,000万円は、次期に入金予定です。 但し、このうち600万円は当期に事業実施済みのため当期の未収助成金として計上しています。

〈×1年の入金時の会計処理〉

　　（借）現金預金　　10,000,000　　　（貸）受取助成金　　10,000,000
　　（借）受取助成金　6,000,000　　　（貸）未収助成金　　　6,000,000
　　　　　　　　　　　　　　　→　　×年において既に計上分との相殺

〈×1年の注記例〉

6．使途が制約された寄付等の内訳

　　使途が制約された寄付等の内訳は以下の通りです。当法人の正味財産は〇〇円ですが、そのうち使途が制約された財産はありません。

（単位：円）

内　　　容	期首残高	当期増加額	当期減少額	期末残高	備　　　考
〇〇助成団体助成金	0	4,000,000	4,000,000	0	××事業として前期に交付の決定を受けた助成金1,000万円は、当期に全額入金されました。 うち、600万円は既に前期において受取助成金として計上済みであり、残り400万円は当期において事業実施に伴い当期の受取助成金として計上しています。

VIII　財務諸表の注記 ──《Q&A》

Q 31-1 役員及びその近親者との取引を注記するのは何故ですか？　金額にかかわらずすべて注記するのですか？

A このNPO法人会計基準はNPO法人の信頼性を高めるため、利害関係者に対し真実な会計情報を伝達することを理念としています。NPO法人に限らず、役員やその近親者あるいは役員の関係会社等を通じて、社会的信頼を損なうような取引が行なわれる恐れは往々にしてあります。そのため役員及び近親者との取引の透明性を確保し、不公正なお金の流れがないかどうかを利害関係者がチェックできる仕組みを担保しようと考えました。

　なお多くのNPO法人はミッション達成のため、日々たゆまぬ努力を続けていらっしゃるわけですから、不正など起こるはずもなくこのような注記は不要と考えられるかもしれませんが、事実を示すことによって信頼性を確保するという情報開示の基本的考え方に基づき、NPO法人と役員及びその近親者との間の取引は原則として注記を要することにしました。NPO法人と役員及びその近親者との間にまったく取引がない場合や金額的に重要性が低い場合には注記の必要はありません。

1．役員及びその近親者の範囲
①役員（役員に準ずる相談役、顧問等で役員と同様に実質的に法人の経営に従事していると認められる者を含む。以下同じ。）
②その近親者（2親等内の血族、配偶者並びに2親等内の姻族とする。以下同じ。）
③役員及びその近親者が支配している法人（役員及びその近親者が支配するという場合の支配は、理事会や総会など機関意思の決定権を有する場合を意味しています。具体的にはNPO法人の役員及びその近親者のグループで社員総会の議決権の過半数を占めている場合や、NPO法人の役員及びその近親者が他の法人の代表取締役、代表理事など務める場合の当該他の法人が該当します。以下同じ。）

2．金額的重要性の判断の目安について
　重要性が乏しいとして注記する必要がないのは、活動計算書に属する取引の場合は100万円以下、貸借対照表に属する取引については、発生金額及び残高が100万円以下の取引は金額的重要性が低いものと考えています。この100万円という金額は、一つ一つの取引金額ではなく、役員ごとに、かつ勘定科目ごとに、年間の合計金額で考えます。また貸借対照表に

属する取引、つまり固定資産の購入や借入取引などは、「発生金額及び残高」で考えますから、仮に残高が100万円以下であっても、発生金額が100万円を超えていたら注記が必要なので注意してください。

事例①

> ＮＰＯ法人Ｘは役員であるＡ氏が代表取締役を勤める株式会社Ｙに対し、WEBサイトのメンテナンス料として、1ヵ月10万円、年間1,200,000円の支払いをしています。業務委託費の総額は1,500,000円です。

〈判定方法〉100,000円×12ヶ月＝1,200,000円＞1,000,000円

∴注記するのが相当です。このような場合は次のような注記となります。

<u>財務諸表の注記</u>
○役員及びその近親者との取引の内容
役員及びその近親者との取引は以下のようになっています。

(単位：円)

科　　目	財務諸表に計上された金額	内、役員との取引	内、近親者及び支配法人等との取引
（活動計算書） 業務委託費	1,500,000	0	1,200,000

事例②

> ＮＰＯ法人Ｘは、役員Ｂ氏から当事業年度に90万円の借入をして、そのまま期末残高として同額が残っています。

〈判定方法〉900,000円＜1,000,000円です。
このような場合は注記の必要はありません。

事例③

> ＮＰＯ法人Ｘは、役員Ｃ氏から中古の車両を120万円で譲り受け、期末に減価償却を行なって80万円が帳簿価額として貸借対照表に記載されています。車両運搬具の総額は2,000,000円です。

＜判定方法＞　発生金額 1,200,000円＞1,000,000円
　　　　　　　残高　　　 800,000円＜1,000,000円

∴発生金額もしくは残高のどちらかが100万円を超えているので、注記するのが相当です。このような場合は次のような注記となります。表の下部に注書きをしていますが、この記載は任意です。

財務諸表の注記

○役員及びその近親者との取引の内容

役員及びその近親者との取引は以下のようになっています。

(単位：円)

科　　目	財務諸表に計上された金額	内、役員との取引	内、近親者及び支配法人等との取引
(貸借対照表) 車両運搬具	2,000,000	800,000	0

＊上記車両運搬具は、当事業年度に役員より 1,200,000 円で譲り受け、その後減価償却を行なった結果貸借対照表計上額が 800,000 円となったものです。

3．注記を要しない役員などとの取引

　注解第 24 項において「役員に対する報酬、賞与及び退職慰労金の支給については注記を要しない」とされています。これは、役員への人件費の支払いは、役員報酬など役員に対するものであることを示す勘定科目で活動計算書に計上することにされているためです。したがって、役員への人件費のうち、使用人兼務役員の使用人部分など、何らかの理由によって役員報酬などの科目で計上されていない支払いがある場合や、役員の親族に対する人件費の支払いについては、注記を行うことになります。

　例えば、役員への支払いが給与手当の科目に含まれて活動計算書に計上されている場合の注記の例は、次のようになります。

(単位：円)

科　　目	財務諸表に計上された金額	内、役員との取引	内、近親者及び支配法人等との取引
(活動計算書) 事業費　人件費 給与手当	10,328,000	1,500,000	2,000,000
(活動計算書) 管理費　人件費 給与手当	5,328,000	1,200,000	1,200,000
活動計算書計	15,656,000	2,700,000	3,200,000

　スタッフが少人数で、かつ、その中に含まれる使用人兼務役員も少人数といった小規模な団体においては、この注記によって特定の個人への支払額が明らかになるような場合が考えられます。そのような場合については、個人情報保護の観点から、例えば、この注記に「給料手当には使用人兼務役員分も含まれていますが、支給対象者数が少ないため個人情報保護の観点から金額の明示を省略しています。」というような表記を行う、ということも考えられます。ただし、役員への支払いの総額を明示することによって、財務諸表利用者の判断に役立てたり、社員総会などでの意思決定に役立てたりすることによって、ＮＰＯ法人の信頼性を高めようとすることが注記の目的ですので、役員への支払額が非常に多額の場合には金額の省略はできないことに注意してください。

第2部　実務担当者のためのガイドライン

◆　その他の事項 ──《Q&A》

Q 50-1　ＮＰＯ法人会計基準と所轄庁の示す手引きとの間で異なる部分がありますが、どう考えたらいいのでしょうか？

A　ＮＰＯ法が 2011 年 6 月に改正され、2012 年 4 月から 2 以上の都道府県にまたがる事務所を有するＮＰＯ法人の所轄庁は、内閣府から主たる事務所のある各都道府県及び政令指定都市に移ることになりました。したがって内閣府は所轄庁ではなくなることとなります。またこれとは別に認定ＮＰＯ法人の申請窓口も、国税庁から各都道府県及び政令指定都市に変更になります。

この結果、今後各都道府県等において、いわゆる「手引き」（「ＮＰＯ法人の設立及び運営の手引き」等、名称は統一されていません）が逐次改正されることが予想されます。

そのような事態をうけて 2011 年 5 月に内閣府において「特定非営利活動法人の会計の明確化に関する研究会」が設置され、同年 11 月に「特定非営利活動法人の会計の明確化に関する研究会報告書」が公表され、これに基づいて内閣府が「手引き」を作成することとなりました。所轄庁でなくなるにもかかわらずこのような報告書を出すこととなった理由については、内閣府が依然として「インターネット等を利用した計算書類を含む特活法人データベースの整備を図る情報提供の責務を有することとされている」こと、ＮＰＯ法改正の際の「参議院内閣委員会では、民間主導の特活法人の会計基準の取組に国が協力していくこと、新たに会計の手引きを内閣府が策定することを政府から答弁して」いること、また「認定特活法人の認定について地方公共団体間で合理性を欠く差異が生じないよう政府が適切に助言することが求められている」こと等があげられています。

したがって、ここでは、改正ＮＰＯ法及び内閣府の「特定非営利活動法人の会計の明確化に関する研究会報告書」（以下「報告書」という）に基づいてお答えします。

まず「報告書」では、「本研究会としては、現段階において「ＮＰＯ法人会計基準」は特活法人の望ましい会計基準であると考える」と述べています。これはＮＰＯ法人会計基準（以下「基準」という）が、市民にとって分かりやすい会計報告を目指し、利用者の視点を重視し、複式簿記を前提とする財務会計としての体系をとっていることを、全面的に評価しているものと思われます。その意味において、「基準」と「報告書」は、基本的に一致しているといっても過言ではありません。

しかしながら「報告書」は引き続いて

159

①「基準」では活動予算書の言及がないこと

②認定ＮＰＯ法人に関する言及がないこと

③移行措置に関する記述がないこと

④行政による監督上必要と考えられる視点まで盛り込まれていないこと

などの点をかかげ、この「報告書」の公表の必要性を述べ、「新しい手引き」と「ＮＰＯ法人会計基準」とは適切な役割分担の下、相互に補完し合う形で特活法人における会計の明確化をしていくものとして広く活用されていくことを望みたい」としています。

　上記４点のうち、①から③に関しては、民間が作成した基準ではそもそも言及できる性格のものではないものです。また最後の④の視点については、「基準」の基本的性格において、「市民の期待とそれにこたえるべきＮＰＯ法人の責任の双方にふさわしい会計基準とはいかなるものか」を策定作業の出発点としたとしていることからも明らかなように、財務諸表でしか当該ＮＰＯ法人の会計の内容を知ることができない通常の市民の方の利用を念頭においている（このことを「一般目的の財務諸表」といいます）ことから、ふれていなかったものです。

　とはいえ、実際に財務諸表を作成するＮＰＯ法人にとっては、異なる処理や用語が示されると戸惑うことも現実ですから、以下項目に分けて説明します。

１．財務諸表及び寄付金という用語

　「基準」では、活動計算書及び貸借対照表のことを「財務諸表」と呼んでいますが、「報告書」ではそれを「計算書類」と呼んでいます。「基準」でなぜこの用語を用いたのかに関しては、「議論の経緯と結論の背景」第26項に述べていますのでご参照ください。「報告書」では、おそらく改正ＮＰＯ法が「計算書類」という用語を用いているため、それに従ったものと思われます。

　法律の用語と会計基準の用語が異なっている事例は他にも多くあり、法律の用語を用いないと違法であるとはいえません。また両者の定義を見ると、両者とも「活動計算書」及び「貸借対照表」を指しており（両者とも財産目録は対象から外しています）、実質的に同義語と考えていただいて差支えありません。

　また同じようなことですが、「基準」で「寄付金」としているところを、「報告書」では「寄附金」としています。これも「報告書」は法律の用語に従ったものと思われますが、他の会計基準では一般に「寄付金」を使用しています。

「経緯と背景第 26 項」は、188p

２．後発事象の注記

　「報告書」では、注記事項の中で、「その他特定非営利活動法人の資産、負債及び正味財産の状態並びに正味財産の増減の状況を明らかにするために必要な事項」に例示を示し、「重要性が高いと判断される事項が存在する場合には、当該事項を記載する。」として、後発事象の注記を掲げています。

　「基準」では財務諸表の注記に関して、それがＮＰＯ法人にとって目新しい会計手法であること、最初から過大な要求をするよりも実務への定着をまずはかることの方が重要であること等の理由から、注記に関しても必要最小限の事項しか示していません。したがって後発事象の注記も特に例示しておりません。

　しかしこのことの意味は、後発事象の注記の記載を排除するものではなく、それが重要であれば、「報告書」と同様に注記として記載することが望ましいでしょう。

　ここで後発事象とは、事業年度末を過ぎて以降に生じた事象で、財務諸表を作成公表するまでに明らかになったことのうち、その事象が次年度以降の財務諸表の内容に影響を及ぼすものをいいます。つまり当年度の財務諸表には影響しないが、次年度以降の財務諸表に影響を与えるということです。

　少し違うのが、事業年度末を過ぎて明らかになった事象で、当年度の財務諸表に直接影響があるものです。例えば、貸借対照表に計上していた未収金のうち、次年度になって倒産などして回収が不可能になったことが明らかになったような場合です。この場合は、後発事象として財務諸表に注記するのではなく、当年度の財務諸表を修正する（例えば貸倒引当金を計上するなど）必要があります。この点はご注意ください。

　実際にＮＰＯ法人が重要であるとして注記するような後発事象は限られると思いますが、下記のような例があります。

　いずれも次年度以降に発生した事象で、財務諸表を作成公表するまでに明らかになったことのうち

　　・事務所や事業所が火事や自然災害などで相当な損害を受けた場合。

　　・他のＮＰＯ法人と合併の契約をした場合。

　　・裁判などのような重要な係争事件が発生した場合。

などです。これらのことがあった場合には、注記をしてその内容を明らかにする必要があります。金額的影響額に関しては、なかなか見積り等が難しいことも多いので必ずしも記載することが強制されるわけではありませんが、仮に合理的に算定できるのであれば記載すれば利用者にとっても有用でしょう。

3．その他の事業に固有の資産等の注記

　「報告書」では、注記事項の中で、「その他の事業に固有の資産を保有する場合はその資産の状況及び事業間で共通的な資産」について、重要な場合は記載を求めています。

　これはNPO法に、

　　（その他の事業）

　　「第五条特定非営利活動法人は、その行う特定非営利活動に係る事業に支障がない限り、当該特定非営利活動に係る事業以外の事業（以下「その他の事業」という。）を行うことができる。この場合において、収益を生じたときは、これを当該特定非営利活動に係る事業のために使用しなければならない。

　　２その他の事業に関する会計は、当該特定非営利活動法人の行う特定非営利活動に係る事業に関する会計から区分し、特別の会計として経理しなければならない。」

という条文があり、それを受けて従来の実務では、その他の事業を実施している場合には、財務諸表をすべて別葉表示とすることを要請する実務があったことと関連しています。

　今回の「報告書」では、「特活法改正案の国会審議における貸借対照表の別葉表示の見直しに係る質疑等を踏まえながら、原則、全ての書類において別葉表示を求めないことと」になった代わりに、この注記が求められたものと考えられます。

　一方「基準」では、その他の事業を実施している場合には、活動計算書のみを欄を別にして区分する方法を提示しています。その理由は、「議論の経緯と結論の背景」第46項から第48項、及び《Q＆A》23-2に詳しく述べられていますが、人員や場所も別々ではなく共用していることの方が多いNPO法人にとって、貸借対照表の区分は相当複雑な会計処理を必要とすること、活動計算書の区分だけでもその他の事業の明瞭表示に不十分さはないと思われることなどの理由によるものです。

「経緯と背景第46項～第48項」は、196p
《Q&A》23-2は、130p

　「報告書」がこの注記を特に取り上げている理由は、NPO法の規定もさることながら、所轄庁の監督上の視点からだと思われます。つまり、ＮＰＯ法人は、特定非営利活動に支障がない範囲でしかその他の事業を行なえず、またその剰余はすべて特定非営利活動に使わなくてはいけないのだから、その他の事業に不要に資産をためることは問題であるという考え方です。

　さて実際にはどうするかですが、その趣旨からすると、比較的限定的に考えて差支えないと思います。例えば

　　・その他の事業のためだけの在庫としての重要な棚卸資産

　　・その他の事業のためだけに使用する重要な建物、車両等の固定資産

　　・運転資金とは別の重要な定期預金や有価証券

第2部　実務担当者のためのガイドライン

その他《Q&A》

などです。また共用する重要な資産も注記を求められますから

　　　・重要な共用資産としての固定資産

も必要かもしれません。

　とにかく運転資金程度の預金や、重要でない消耗品などまでの注記は求められないものと思われます。

　なお「基準」においても貸借対照表の区分経理を否定しているわけではないことも申し添えます。貸借対照表を区分経理した方がわかりやすいケースもあります。例えば場所も異なり、従事している人員も異なり、現金預金の出納も全く別に行っているようなケースでは、むしろこのような注記をせずに、貸借対照表を区分経理した方が、利用者にとっても有用でしょう。各法人の実態に応じた会計処理が望まれますが、その場合においても貸借対照表を別葉表示するのではなく、活動計算書と同様に貸借対照表に「その他の事業」の欄と「合計」の欄を設ける様式としてください。法人全体の数字を明らかにすることが重要だからです。

4．現物寄付の評価方法や事業費と管理費の按分基準の注記

　「報告書」では、上記の注記事項の中で、「現物寄附の評価方法」や「事業費と管理費の按分方法」も重要であると判断される場合は、注記が望ましいとしています。特に事業費と管理費の按分方法は、「恣意的な操作は排除されなければならない」から注記が望ましいとされているようです。

　一方「基準」では、現物寄付は取得時の公正な評価額とし、その公正な評価額に関しては《Q&A》24-2で説明するとともに、事業費と管理費の按分方法及び複数事業の按分方法に関しても《Q&A》14-1、14-2及び22-2において詳細に内容を説明しています。しかし注記までは求めておりません。

　これは、他の会計基準でも要求していないような注記事項をNPO法人だけに要求することの理由が見当たらないと考えたためです。

　また、「公正な評価額」とか「按分方法」とかの会計手法は、様々なものがあるとはいっても、その個別の法人にとっては最もふさわしくて使用可能な最善のものを使うべきことであることも、考慮しています。

　したがって「基準」としては現段階では注記は不要と考えていますが、法人自らが注記として記載したいと考えるのであれば否定するものではありません。ただ注記する以上は、利用者が理解できるような内容でなくては意味がないでしょう。例えば

　　　「現物寄付については、提供を受けた衣料品に関してはリサイクルショップ等の資料を参考にした中古品価格、建物に関しては固定資産税評価額によって評価しています。」

　　　「事業費と管理費及び複数事業の共通費用の按分方法について、給料手当及び法定福利費に関しては作業日報を基礎とした従事割合により、減価償却費、水道光熱費に関しては使用面積割合により按分していま

《Q&A》24-2 は、133p
《Q&A》14-1 は、101p
《Q&A》14-2 は、102p
《Q&A》22-2 は、127p

す。」

といったものです。ただし詳しく書けば書くほど一覧性に欠けるので、内容を正しく伝え、かつ簡潔に記載する工夫が必要です。

5．その他の事業を実施していない場合の注記等

　定款に定めがあるものの、その他の事業を実施していない場合は、「報告書」では活動計算書のその他の事業の欄にすべてゼロと記入するか、あるいは「今年度はその他の事業を実施していません。」という注記を行うことになっています。

　「基準」としては当初何も記載しないで良いと考えていましたが、《Q&A》23-1 にあるように欄をわざわざ設ける必要はないものの、「報告書」と同様に活動計算書の脚注に記載する方法を［記載例 3］で示すこととしました。

《Q&A》23-1 は、130p

［記載例 3］は、050p

6．活動予算書及び経過措置

　「基準」では、それが「一般目的」の外部報告基準であることに鑑み、活動予算書にはふれていません。また本来強制力のあるものでもありませんから、経過措置のことについても記載をすることの方が問題でもあります。

　しかしながら実際にNPO法人が初めて「基準」を適用するに当たって移行時の処理をどのように行うのかに関しては、「報告書」の方法は妥当と思われますので、「報告書」に準じて作成してください。

7．適用した会計基準の注記

　「報告書」では、重要な会計方針の最初に「適用した会計基準」を記載することになっています。これは「報告書」が他の会計基準の採用も認めていることによるものです。

　一方「基準」は当然「NPO法人会計基準」により財務諸表を作成することを念頭においていますから、重要な会計方針の1項目というよりは、様式にあるような記載（様式3や［記載例］参照）を冒頭にしてください。

「様式 3」は、033p
［記載例］は、043〜059p

8．認定NPO法人の会計処理

　「報告書」では、「認定特活法人についての留意事項」として一つの節を設けて詳述していますが、「基準」では認定NPO法人のことはふれていません。これは「基準」がNPO法人の財務諸表を一般の市民が利用する場合を念頭に置いていることによるものであり、所轄庁による認定事務の問題は別に解決するべきことと考えているからです。

　この点は「報告書」も基本的には同様の立場であると思われ、特に通常の認証法人と認定法人の会計報告を異なるものとすべきであるとの意見ではありません。上記の留意事項にもいくつかの注記等の例が記載されていますが、特に重要性の判断で特別の基準があるというものではないと考

えます。

　ただし、認定ＮＰＯ法人の場合は、支援者側で減税の恩典を受けるということや、ＮＰＯ法人自身の税の控除もあることを考えると、「報告書」が述べるとおり、積極的な情報公開が望まれることはその通りであると思われます。

| NPO法人会計基準協議会のウェブサイト |

みんなで使おう！　NPO法人会計基準

http://www.npokaikeikijun.jp/

NPO法人会計基準協議会では、会計基準の普及を目的として、
「みんなで使おう！　NPO法人会計基準」
というウェブサイトを運営しています。
このウェブサイトでは、
会計に関する質問に専門委員が回答する質問掲示板や
本書に収録されていない多くのツールが入手できます。

―――――「NPO法人会計基準」の策定及び改正に関する資料

[2017年12月12日]「NPO法人会計基準」の一部改正について

[2011年11月20日]「NPO法人会計基準」の一部改正について

[2010年7月20日会計基準策定時] NPO法人会計基準の公表と普及に向けて

[2010年7月20日会計基準策定時] 議論の経緯と結論の背景

ＮＰＯ法人会計基準に関する経緯

2009 年 3 月 31 日
　　第 1 回ＮＰＯ法人会計基準協議会総会と第 1 回ＮＰＯ法人会計基準策定委員会を開催。
　　協議会より策定委員会に会計基準の策定を諮問し、会計基準策定プロジェクトを開始。
2010 年 7 月 20 日
　　第 8 回ＮＰＯ法人会計基準策定委員会と第 4 回ＮＰＯ法人会計基準協議会総会を合同
　　で開催し、策定委員会からの答申により会計基準を決定し公表。策定委員会は解散。協
　　議会は会計基準の普及を目的として存続を決定。
2011 年 6 月
　　特定非営利活動促進法（ＮＰＯ法）が改正され、2012 年 4 月から施行。法律上、収支計
　　算書から活動計算書に変更。
2011 年 5 月
　　内閣府、「特定非営利活動法人の会計の明確化に関する研究会」を設置。
2011 年 11 月 20 日
　　ＮＰＯ法人会計基準協議会が、ＮＰＯ法人会計基準を一部改正
2011 年 11 月
　　「特定非営利活動法人の会計の明確化に関する研究会」が、「現段階においてＮＰＯ法人
　　会計基準は特活法人の望ましい会計基準である」とする「特定非営利活動法人の会計の
　　明確化に関する研究会報告書」を公表
2012 年 2 月
　　内閣府が「特定非営利活動促進法に係る諸手続の手引き」を公表
2012 年 4 月
　　改正ＮＰＯ法施行。
2013 年 9 月 30 日
　　ＮＰＯ法人会計基準協議会の臨時総会でＮＰＯ法人会計基準委員会の設置を決定
2014 年 10 月 30 日
　　ＮＰＯ法人会計基準委員会が、基準改正の審議を開始
2017 年 12 月 12 日
　　ＮＰＯ法人会計基準委員会が、ＮＰＯ法人会計基準を一部改正

[2017年12月12日]
「ＮＰＯ法人会計基準」の一部改正について

ＮＰＯ法人会計基準委員会が、2017年12月12日開催の第9回委員会において決定した「ＮＰＯ法人会計基準」の一部改正についての、ＮＰＯ法人会計基準協議会運営規約第7条第6項に基づく、ＮＰＯ法人会計基準協議会への報告。

はじめに

　ＮＰＯ法人会計基準は、2010年7月20日に策定・公表され、2012年4月からの改正された特定非営利活動促進法（以下、ＮＰＯ法という）の施行に向けた、小規模な改正を2011年11月20日に行いました。

　その後、5年が経過し、ウェブサイトからのクレジット寄付や、クラウドファンディングなど、寄付の方法の多様化、ＮＰＯ法人自体が専門の部署を設けてファンドレイジング活動を主体的に働きかけるなど、ＮＰＯ法人を取り巻く環境やＮＰＯ法人の業務内容が、大きく変ってきました。

　こうした中、変化に対応して会計基準の改正を行う必要はないか、という問題意識から、ＮＰＯ法人会計基準協議会は、ＮＰＯ法人会計基準委員会を設置し、会計基準の改正の検討を始めました。

　会計基準の改正にあたり、改正すべき事項について委員会で検討したところ、委員から、次のような多くの論点について、改正を検討すべきとの意見がありました。

　　①ファンドレイジング費用、②特定資産、③キャッシュ・フロー計算書、④固定資産の減損、⑤継続企業の前提、⑥使途制約が課された寄付等、⑦ボランティア評価益、⑧有価証券の評価、⑨その他、他の会計基準に取扱いがある項目との整合性の検討

　これら、すべての論点についての改正を行うことも検討しましたが、時間的制約などがあるなかで、今回は、ＮＰＯ法人にとって、緊急かつ影響の大きい点に限定して改正を行うこととし、会計基準の全般的な見直しは行わないこととしました。なお、緊急性と影響の大きさについては、次の各点により評価しました。

・緊急性：①当初の趣旨と異なる解釈により実務が行われており、基準において取扱いを明確にする必要がある。②基準設定当初には想定していなかった新たな取引等が出現し、現行基準の取扱いでは、当該取引等について基準の趣旨を反映できない。

・影響の大きさ：影響を受ける法人の数、改正が財務諸表に及ぼす影響、基準上の要請と現行実務とのかい離の度合い

　この方針に基づき、ＮＰＯ法人会計基準委員会は2014年10月から9回にわたる議論と2回のパブリックコメントを経て、ＮＰＯ法人会計基準の一部改正を行いました。

1．改正の内容

　改正は、「新旧対照表」の通り、次の４点に関する、本文、注解、別表、様式、実務担当者のためのガイドライン・パターン分類された記載例（以下、記載例と言う）、及び、ＮＰＯ法人会計基準の《Q&A》（以下、《Q&A》という）です。
　　(1)　受取寄付金の認識
　　(2)　役員報酬と役員及びその近親者との取引の明確化
　　(3)　その他の事業がある場合の活動計算書の前期繰越正味財産額及び次期繰越正味財産額の表示
　　(4)　特定資産
　なお、今回の改正により、財務諸表の注記の重要な会計方針の冒頭に記載する「適用した会計基準の注記」の文言は「ＮＰＯ法人会計基準（2010年７月20日　2017年12月12日最終改正　ＮＰＯ法人会計基準協議会）」となります。これは、2011年11月20日一部改正の後の、二度目の改正であることを意味しています。
　この改正された会計基準の適用時期はＮＰＯ法人の任意です。もちろん可能な限り早く改正後の基準を適用していただく方が望ましいのですが、準備等の理由から当面、改正前と改正後の会計基準を適用した財務諸表の双方が作成され公表されることになります。今回の改正後の基準を適用しない場合は、「適用した会計基準の注記」の記載は従前の通りとなります。財務諸表の利用者は、どちらを適用して作成されているのかを、この「適用した会計基準の注記」によって知り、財務諸表の内容を理解することになるので注意してください。

2．改正の理由

（1）受取寄付金の認識

　寄付金は寄付の意思の確定、すなわち、贈与契約の成立によって発生しますが、受取寄付金として計上するためには、これに加えて金額の測定が可能であるとともに、入金の確実性が必要とされます。この入金の確実性の点から、改正前の基準の本文13項では「実際に入金したときに収益認識を行う」と規定されていました。しかし、従来から存在していた決算手続き中の入金の場合の他に、クレジット寄付、クラウドファンディング等の新たな寄付の方法が普及し、これらの中には、実際の入金前であっても入金が確実である取引もあり、「実際に入金したとき」に収益認識を行うという基準では、取引の経済実態を表すことができないことから、入金の確実性があるものに関して、未収計上を原則とするよう本文13項を改正しました。ただし、入金の確実性だけではなく、寄付の意思の確定時期（贈与契約の成立時期）によって計上すべき会計期間が決まることに変更はありません。
　これに沿って、未収計上の説明や、クレジット寄付、クラウドファンディング、遺贈寄付等における具体的な説明を《Q&A》として新設しました。また、現行の会計基準には受取寄付金に関する《Q&A》がないため、仲介する団体を通して受取る場合、返礼品の提供がある場合、現物寄付の取り扱いなどに関する《Q&A》も新設しました。
　なお、新設した受取寄付金に関する《Q&A》には重要性に関する説明がありますが、重要性の原則はＮＰＯ法人会計基準の一般原則として、会計基準の全てに適用されるものです。受取寄付金に関す

る《Q&A》は新しい規定であるため、注意を喚起する目的で重要性について説明しているもので、受取寄付金に関してだけ、重要性の原則の異なる適用がされるわけではありません。

(2) 役員報酬と役員及びその近親者との取引の明確化

　役員と法人とは委任の関係にあり、役員の業務は法人のすべての業務が対象となります。したがって、役員の業務への支払いのうち、事業に係る部分は事業費に計上され、ガバナンスに係る部分は管理費に計上されます。役員に支払った報酬はすべて役員報酬として計上するという考え方に立ち、具体的には、委任契約の対象である報酬は役員報酬、労働契約の対象である報酬は給与手当の科目名によって計上することとしているものです。これは、法人が役員に委任する業務への対価を明確にして総会などで承認を行い、また、外部に明確に示すことにより、役員への支払額のお手盛りなどの発生を防止しようとすることが目的です。

　改正前の《Q&A》14-3では、この点に関する説明、及び、関連するNPO法の規定との関係に関する説明が不十分だったので、《Q&A》14-3のうち役員報酬に関する部分を削除し、《Q&A》14-4を新設して説明することにしました。

　また、NPO法人会計基準の策定後、実務の中で、指定管理の場合に役員報酬という科目名が認められていないなどの理由で、役員への支払いが役員報酬として表示されない場合があることが確認されてきました。こうした役員報酬として表示されていない金額を含めた役員への支払額の総額を表示することが必要との点から、近親者などへの支払いも含めて、役員報酬と役員及びその近親者との取引に関する注記で、役員への支払いの総額を表示するよう注記を改正するために、注解（注7）24項を改正しました。このため、この改正後の注記の例と説明をQ31-1の改正により行いました。

　なお、改正前の別表、様式などでは、事業費の中に役員報酬の科目の記載が漏れていたので、併せて、追加を行いました。

(3) その他の事業がある場合の活動計算書の前期繰越正味財産額及び次期繰越正味財産額の表示

　改正前の基準では、「その他の事業」がある場合に、事業ごとに、活動計算書の前期繰越正味財産額及び次期繰越正味財産額を表示する形式となっていません。そのため、事業ごとの前期繰越正味財産額及び次期繰越正味財産額が不明確となっていました。これでは、特定非営利活動事業に対する未組入れ額を判断することができません。その結果、「その他事業」で生じた正味財産増減額を単年度ごとに「特定非営利活動に係る事業」へ100％繰り入れなければならないという誤解も生じています。以上から、その他の事業がある場合には、「特定非営利活動に係る事業」と「その他の事業」のそれぞれの次期繰越正味財産額が明示されるように様式4を改正し、併せて様式例も改正しました。

　なお、この改正によって、「特定非営利活動に係る事業」と「その他の事業」の貸借対照表を区分して作成することが義務付けられるわけではありません。

(4) 特定資産

　改正前の《Q&A》27-3では、「特定資産と使途指定の寄付金との整合性を求めない」というNPO法人会計基準の考え方（NPO法人会計基準策定の経緯と経過63項）が明確に説明されていないことから、より分かりやすい説明とすることを含めて、全面的に改正しました。併せて様式例の説明も改正しました。

2017年12月に改正されたＮＰＯ法人会計基準の新旧対照表

改正前	改正後
改正項目1　受取寄付金の認識	
本文　Ⅳ. 収益及び費用の把握と計算－その1　13. 受取寄付金	
受取寄付金は、実際に入金したときに収益として計上する。	受取寄付金は、確実に入金されることが明らかになった場合に収益として計上する。
（新設）	《Q&A》13-1～8の新設
改正項目2　役員報酬と役員及びその近親者との取引の明確化	
注解（注7）24.注記の除外	
役員に対する報酬、賞与及び退職慰労金の支払並びにこれらに準ずる取引は注記を要しない。	役員に対する報酬、賞与及び退職慰労金の支払は注記を要しない。
別表1－活動計算書の科目	
（追加） （追加）	・経常費用―事業費―人件費の部分に「役員報酬」の勘定科目と科目の説明を追加し「給与手当」に勘定科目の説明を追加 ・経常費用―管理費―人件費の「役員報酬」と「給与手当」に科目の説明を追加
様式1と様式4－活動計算書	
（追加）	経常費用―事業費―人件費の部分に「役員報酬」を追加
様式3－財務諸表の注記	
（追加） 9．役員及びその近親者との取引の内容の表	3.「事業費の内訳」の人件費の部分に「役員報酬」を追加 9. 役員及びその近親者との取引の内容の表の様式を変更
記載例2、3、4－活動計算書	
（追加）	経常費用―事業費―人件費の部分に「役員報酬」を追加
記載例2－財務諸表の注記	
（追加） 4.「役員及びその近親者との取引の内容」の表	例1―2.「事業費の内訳」と例2－2.「事業別損益の状況」の人件費の部分に「役員報酬」を追加 4.「役員及びその近親者との取引の内容」の表に（活動計算書）給料手当（事業費）を追加し、表の様式を変更し、吹き出しを追加

改正前	改正後
記載例3－財務諸表の注記	
（追加）	2.「事業費の内訳」の人件費の部分に「役員報酬」を追加
5.「役員及びその近親者との取引」の内容の表	5.「役員及びその近親者との取引」の内容の表の様式を変更
記載例4－活動計算書	
（追加）	経常費用―管理費―人件費の部分に「役員報酬」を追加
記載例4－財務諸表の注記	
（追加）	2.「事業別損益の状況」の人件費の部分に「役員報酬」を追加
8.「役員及びその近親者との取引の内容」の表	8.「役員及びその近親者との取引の内容」の表の様式を変更
《Q&A》14-3	《Q&A》14-3の一部変更と《Q&A》14-4の新設
《Q&A》31-1	《Q&A》31-1の一部変更

改正項目3　その他事業がある場合の活動計算書の前期繰越正味財産額及び次期繰越正味財産額の表示

様式4と記載例3－その他事業がある場合の活動計算書

前期繰越正味財産額及び次期繰越正味財産額は、特定非営利活動に係る事業及びその他事業の区分には記載しない	前期繰越正味財産額及び次期繰越正味財産額を、特定非営利活動に係る事業及びその他事業並びに合計欄のすべての区分について記載するように変更

改正項目4　特定資産

記載例4－貸借対照表

○○援助事業用預金と○○基金事業用預金の吹き出し	○○援助事業用預金と○○基金事業用預金の吹き出しの文章を変更
《Q&A》27-3	《Q&A》27-3を変更

適用した会計基準の注記の文言の変更

様式3－財務諸表の注記と記載例1、2、3、4の財務諸表の注記

財務諸表の作成は、ＮＰＯ法人会計基準（2010年7月20日　2011年11月20日一部改正　ＮＰＯ法人会計基準協議会）によっています。	財務諸表の作成は、ＮＰＯ法人会計基準（2010年7月20日　2017年12月12日最終改正　ＮＰＯ法人会計基準協議会）によっています。

［2011年11月20日］
「ＮＰＯ法人会計基準」の一部改正について

はじめに

ＮＰＯ法人会計基準協議会は、2011年11月20日に「ＮＰＯ法人会計基準」（2010年 7 月20日）を一部改正しました。これは、平成23年 6 月15日に「特定非営利活動促進法の一部を改正する法律」（平成23年法律第70号）が成立し、6 月22日に公布されたことから、改正ＮＰＯ法との調整が必要になった事、さらに内閣府が設置した「特定非営利活動法人の会計の明確化に関する研究会」の報告書（2011年11月公表）との調整が必要になったためです。

１．一部改正の概要

改正ＮＰＯ法は、収支計算書を活動計算書に変更しました。この結果、活動計算書脚注及び「重要な会計方針の冒頭」に記載していた読替えに係る確認規定を削除しました。

また、注解15「リース取引」の記載を変更しました。さらに、様式の一部等について必要な変更を行っています。また、会計基準の改正に伴い、「実務担当者のためのガイドライン」の記載例を一部変更し、《Q&A》について「《Q&A》20-2」を改正し、さらに「《Q&A》50-1」を追加しています。

「注解15」は、023p

121p《Q&A》20-2 「売買取引に準ずる処理」とはどのような処理ですか？
123p《Q&A》20-3 レンタルとの違いは何ですか？
159p《Q&A》50-1 所轄庁の示す手引きとの相違は、どう考えたらいいのでしょうか？

２．結論の背景

（1）改正前基準では、リース取引について、より簡便な方法を念頭に置いて、「リース取引に関する会計基準」における原則と例外とを反対にしていました（議論の経緯と結論の背景61）。

しかし、小規模事業者が多数のＮＰＯ法人の場合には、売買処理の対象となるリース取引は極めて少ないと考えられること、また重要なリース取引については、売買処理を前提としていることから、「リース取引に関する会計基準」と同一の考え方に立っても、実質的にはほとんど影

響が無いと思われます。さらに「リース取引に関する会計基準」を前提
とした明確化研究会の報告書とも同一の考え方に立つことができること
から、ＮＰＯ法人会計基準の改正に至ったものです。

（２）明確化研究会の報告書は、ＮＰＯ法人会計基準と異なり、所轄庁
等の監督の視点や認定ＮＰＯ法人制度等も対象範囲としています。そし
て、これらの視点からの検討項目が、主として財務諸表の注記項目とし
て追加されています。このため、監督の視点等から追加された項目を、
ＮＰＯ法人会計基準ではどのように対応するかについて明らかにするこ
とが必要となりました。そこで、《Q&A》に「その他の項目」の区分を
設け「《Q&A》50-1」を追加しています。

159p《Q&A》50-1 所轄庁の
示す手引きとの相違は、どう考
えたらいいのでしょうか？

3. 2011年11月20日改正基準との調整

「様式3―財務諸表の注記」
は、033p

　ＮＰＯ法人会計基準協議会専門委員会は、様式等の改正にあたり重要
な会計方針の冒頭に記載する「適用した会計基準の注記」に関して
「2010年7月20日　2011年11月20日一部改正」に変更しています。これ
は2011年11月20日の改正が2010年7月20日に公表した会計基準の一部の
改正であることを明らかにするためであり、2011年11月20日の改正の内
容を変更するものではありません。

　　　　　　　（2012年1月27日　ＮＰＯ法人会計基準協議会専門委員会）

［2010年7月20日会計基準策定時］
ＮＰＯ法人会計基準の公表と普及に向けて

1. 統一した会計基準の必要性

　ＮＰＯ法人制度ができてから12年、認定ＮＰＯ法人制度ができてから10年が経ちました。ＮＰＯ法人の増加とともに、この制度も改正をされてきました。

　その間、ＮＰＯ法の趣旨である「ＮＰＯ法人自らが十分な情報開示をすることで、市民がＮＰＯ法人を応援する」という仕組みが機能してきたとはいえません。その主たる要因は、ＮＰＯ法人が所轄庁の例示した書式での最小限の報告にとどめてきたことではないでしょうか。とりわけ、会計報告に関しては、ＮＰＯ法人の活動に適した会計基準が存在せず、各法人がそれぞれ自分で考えた方法によって会計書類を作成し所轄庁へ提出することで公表に代えてきました。

　この結果、ＮＰＯ法人の公表した会計書類は形式や内容がばらばらで、活動実態のつかみづらさがあり、また他のＮＰＯ法人との比較をすることを難しくするなど、数字の検証ができない現状を生み出しました。ＮＰＯ法人の活動の実態が見えにくくなってしまいました。

　ＮＰＯ法人は、市民による公益的な活動を進める組織です。

　市民の方たちからの多様な資金とボランティア等の支援に支えられて活動しています。

　市民の方たちに活動の実態を広く知っていただくためにＮＰＯ法人自らが積極的な情報開示を進める必要があります。

　その結果が、市民の方たちから共感してもらい、より大きな信頼を得ると信じています。

　その有効な手法として、ＮＰＯ法人の統一した会計報告のルールの必要性を感じた全国のＮＰＯ支援センターが集まって、2009年3月にＮＰＯ法人会計基準協議会（以下、「協議会」という）を結成し、ＮＰＯ法人会計基準を策定することになりました。

2. 会計基準公表までの経緯

　会計基準の策定にあたっては、専門家やステークホルダーによるＮＰＯ法人会計基準策定委員会（以下、「策定委員会」という）を作り、専門的な観点を含め、公正な

議論に基づく会計基準の原案を作成してもらい、それに対して協議会のメンバーが意見を述べるとともに、全国のNPO法人や、支援者の方々の意見をパブリックコメントによって出してもらうという方法を採用しました。策定委員会、協議会の会議も、自由に参加して傍聴できるようにし、提出資料や議事録もインターネットで公開し自由に閲覧し印刷できるようにしました。この結果、8回の委員会、4回の協議会等への参加者は延べ3,058人に及び、パブリックコメントは中間報告に対して延べ484人、最終案に対して延べ107人から寄せられました。また、会計基準の策定作業に協力の意思を表明し、オブザーバー登録していただいた方は524人におよび、内閣府と47都道府県のNPO法人担当部署の方々もオブザーバー登録していただきました。

　こうした16ヶ月に及ぶ策定作業をとおして、本年（2010年）7月20日の協議会と策定委員会の合同会議をもって、策定委員会提案のNPO法人会計基準を承認し、確定、公表するに至りました。

3. 会計基準の普及に向けて

　このようにNPO法人会計基準は、民間の手で作ろうという強い意思のもとに日本中のNPOの関係者が集まり、広く意見を聞いてオープンに作ったものです。
　市民が作った画期的なNPO法人会計基準ですから、NPO法人の活動実態を表現する会計報告の基準となるという自負を持っています。
　しかし、会計基準はつくっただけでは意味がありません。
　NPO法人会計基準は法律ではないので採用が強制されるものではありません。
　多くのNPO法人がNPO法人会計基準を採用することによって、はじめて自分たちのNPO法人の実態を公表することになります。
　NPO法人自身が、市民の方たちに活動実態をより忠実にわかりやすく表現する会計報告をし、今この時代に求められる情報開示にチャレンジしていただくことを願っています。
　その結果、より多くの方たちの共感を呼び起こし、信頼と支援を得られるNPO法人が一層増えるきっかけにしていただければ幸いです。

　なお、いつからこの会計基準を採用するかは各法人で決めてください。もちろん、できる限り早い段階での採用を願っています。
　最初に採用した年度の財務諸表には、その年度からNPO法人会計基準を採用した旨を重要な会計方針の冒頭に書いてください。いわゆる「継続性の変更」には当たりませんので変更の理由等の記載は不要ですが、従前との比較可能性を保持するために注記として記載する方が望ましい事項もあると思われます。こうした会計基準の採用に伴う具体的な方法等も、今後、別途作成し提供する予定になっています。

4. 謝辞

　このNPO法人会計基準を策定するにあたっては、極めて多くの方々にご協力をいただきました。

　27名の策定委員の方々には、ボランティアで会計基準を一からつくるという作業をしていただきました。この27名の方の公開の場での熱心な議論がなければ、市民参加型で会計基準をつくるというプロジェクトは成就しませんでした。感謝いたします。

　会計基準・様式・ガイドライン・Q＆Aの作成作業は、42名の専門委員の方々の尽力の賜物でもあります。専門委員の方々の熱心な議論と、たび重なる修正やパブリックコメントを反映することによる変更にも忍耐強く対応していただいたことで、全体の成文を果たすことができました。感謝いたします。

　日本税理士会連合会には、委員の派遣、会場の利用等に便宜を図っていただきましたこと、御礼申し上げます。

　このプロジェクトの資金は、助成財団・企業・団体の助成、多くの個人の方々のご寄付で進めていくことができました。皆さまに厚く御礼を申し上げます。

　とりわけ、キリン福祉財団、損保ジャパン記念財団、全国公益法人協会、武田薬品工業株式会社、中央労働金庫、東京都共同募金会、トヨタ財団、ボーイング社、三菱財団、郵便事業株式会社、読売光と愛の事業団には、プロジェクトの中核となる助成をいただきました。

　また、このプロジェクトをご後援いただき、多くの財団の共同プロジェクトとして進めていただいた助成財団センターにも深く感謝いたします。

　48の所轄庁の皆さまにもオブザーバーとして、議論を見守り、また有益なご意見をいただけましたことを厚く御礼申し上げます。

　オブザーバーとして、議論にご参加いただいた方々、パブリックコメントでご意見をいただいた多くの方々にも感謝いたします。

　全国各地での説明会や学習会を開催してくださったNPO支援センターの皆さま、講師として各地に出向いていただいた委員の方々にも御礼を申し上げます。

　最後に、このNPO法人会計基準策定プロジェクト立ち上げのために尽力され、プロジェクトの礎を築かれた故赤塚和俊氏に、NPO法人会計基準が出来上がったことを深い感謝とともに報告いたします。

　こうした皆さまのご支援とご協力により、自分たちの使う会計基準を、民間の力で、なおかつ自主的に作り上げることができたと信じております。

　重ね重ね感謝申し上げるとともに、これからの普及に当たっても、引き続き、ご協力・ご支援をお願い申し上げます。

2010年 7 月20日

NPO法人会計基準協議会

[2010年7月20日会計基準策定時]
議論の経緯と結論の背景

ＮＰＯ法人会計基準策定の経緯と経過

1. 1998年3月に特定非営利活動促進法（以下、「ＮＰＯ法」という）が成立公布され、その後市民活動を支える組織として多くの特定非営利活動法人（以下、「ＮＰＯ法人」という）が設立されました。その数は2010年5月現在、4万を超える数にまで達しています。今や我が国において、ＮＰＯ法人は、非営利法人の一形態として、非常に重要な地位を占め、社会のあらゆる場面にしっかりと根ざしたものとなっています。

    ＮＰＯ法は「特定非営利活動を行う団体に法人格を付与すること等により、ボランティア活動をはじめとする市民が行う自由な社会貢献活動としての特定非営利活動の健全な発展を促進し、もって公益の増進に寄与することを目的とする。」（第1条）と定められています。ＮＰＯ法人の設立には、所轄庁が法令違反のない限り必ず認証しなければならないという「認証主義」が採用され、「許可」や「認可」による場合とは違って、非常に自由な法人形態となっています。これは議員立法として生まれたＮＰＯ法が、自由で活発な市民活動を促進するために、できる限り行政の関与の度合いを少なくするという趣旨を踏まえたためであるとされています。

2. 行政の関与を少なくするかわりとして、ＮＰＯ法はＮＰＯ法人に対して十分な情報公開を求めています。毎事業年度後3ヶ月以内に事業報告書、財産目録、貸借対照表、収支計算書等の書類を所轄庁に提出し、所轄庁はそれを一般市民に公開することになっています（第28条）。つまり、「市民」が行う非営利活動を「市民」自らが監視することによって、より健全なＮＰＯ法人を育て、反対に不適当と思われるＮＰＯ法人を排除することで、ＮＰＯ法人制度が全体としてより良い方向に向かうことが期待されています。「市民のチェックを期待した情報公開」と「行政の関与を少なくした自由な市民活動」とはワンセットで考えるべきものです。法の当初から、これほどまでの情報公開を要

179

求されていた法人形態は他に例を見ません。

3. 情報公開される会計報告は、事業報告とともに非常に重要なものとされています。しかしながら、ＮＰＯ法人の会計報告について、我が国では会計基準が存在せず、このため提出された会計報告があまりにも多様で、中には数字の整合性がとれないものさえ多く存在することが、かねてから指摘されてきました。ＮＰＯ支援組織によるたゆまぬ支援や所轄庁の助言などもされてきましたが、大幅な改善は見られずに今日に至っています。

　会計報告を行うＮＰＯ法人側では、準拠するべき会計基準がないことに加え、小規模法人が多いことから、会計に詳しい人材を確保できない事情もありました。第２項で述べた「情報公開」がＮＰＯ法人の生命線であるにもかかわらず、公開される会計報告の信頼性が非常に低いものも中には散見される状態でした。

4. このような状況下で、2007 年 6 月に国民生活審議会から「特定非営利活動法人制度の見直しに向けて」という答申が公表され、その中で「会計処理の目安となる会計基準が策定されることが適当である。」と提言されました。そして会計基準策定主体については行政と協力して民間が取り組むことが適当であること、また幅広い関係者の意見を反映した公正なものであることが適当であるとされました。

　この答申の趣旨を受けて、2009 年 3 月に全国の 18 のＮＰＯ支援組織が呼びかけ人となってＮＰＯ法人会計基準協議会（以下「協議会」という）が発足しました。協議会はその後参加団体が増えて、現在 79 となっています。協議会の諮問機関として、専門的な議論を行うため、ＮＰＯ法人会計基準策定委員会（以下「委員会」という）が協議会の下に設置され、ＮＰＯ法人会計基準を策定するよう協議会から諮問を受けました。委員会の委員は、公認会計士、税理士などの会計専門家、学識経験者、助成財団、金融機関、ＮＰＯ支援組織などの幅広い層から集められ、24 人で構成されました。これ以外にオブザーバーとして、内閣府をはじめとするすべての所轄庁、助成財団、会計専門家、会計ソフトメーカーなど多方面の方々に登録いただき、委員会の傍聴だけでなく、発言できる機会も設けられました。

5. 委員会は全体で 8 回開催されました。委員会の作業部会として実務的な基準案を策定する公募による専門委員会が設けられ、それは全体で 6 回開催されました。委員会や専門委員会は全国にまたがる組織であることから、メーリングリストも設けられ、ウェブ上での議論もすすめられました。2009 年 11 月には会計基準案中間報告が公表され、

2010 年 4 月には会計基準最終案が公表されました。2009 年 11 月の中間報告と、2010 年 4 月の最終案に対して、それぞれパブリックコメントが募集され、前者については 519 件、後者については 333 件の意見が寄せられました。

中間報告公表後には全国各地の生の声を聞くため、17 箇所でキャラバンを行いました。キャラバンでの意見を聞く会への参加者は、述べ 753 人に上ります。最終案公表後は、全国 15 箇所で学習会を開催しました。参加者は、述べ 573 人に上ります。

公開した議論を行うため、ウェブ上に「みんなでつくろう！ＮＰＯ法人会計基準」というブログを開設し、議事録や資料などすべてウェブ上に公開しました。全国から意見を募るため、別途オンライン掲示板も開設し、延べ 553 件の意見が集まりました。

このようにして 2010 年 7 月 20 日に最終協議会が開催され、承認され公表されたものが、このＮＰＯ法人会計基準です。

ＮＰＯ法人会計基準の策定目的

6.　経緯と経過（第 1 項から第 5 項まで）で述べたように、ＮＰＯ法人会計基準を策定する目的は、ＮＰＯ法人制度を支える情報公開に資するという点にあります。つまり、所轄庁において閲覧に供する会計報告や、自分たちのウェブへのアクセスによって市民に公開する会計報告を作成するための基準を策定するということです。そのため会計報告を作成する側よりも、それを利用する側の視点から会計基準を検討することに重きを置きました。

これに対しては、会計基準を策定するに際して会計報告を作成する側をもっと考慮するべきではないか、目に見えない一般市民よりも、身近な支援者の視点を重視するべきではないか、またＮＰＯ法人そのものに役立つ管理会計や税務会計的な側面も重要ではないか、何よりも小規模法人が多いので簡単に作成できるものにするべきではないか等の意見がありました。

しかしながら、委員会は、会計基準を策定するにあたって、ＮＰＯ法人の根幹をなす情報公開に資することが最重要の目的であること、身近な支援者ばかりでなく不特定多数の一般市民への説明という点が支援者拡大にもつながること、管理会計や税務会計を対象として会計基準を作成することは他の法人形態では見られないこと、別途各種の方策を講じる必要があるにしても簡単に会計報告を作成するという側面だけでは社会の信頼を得られないこと等の理由から、一般市民を前提とした利用者に対する、外部報告としての会計報告はいかにあるべきかという観点から議論をいたしました。

7. 当初は会計報告と同様に、ＮＰＯ法人の情報公開として重要な事業報告についても、何らかの指針を示すべきではないかという意見もありました。

しかしながら会計基準としては会計報告に限定することが原則であること、事業報告は会計報告よりさらに多様性があり、それについて基準そのものが作成しにくいこと、現実に限られた予算と時間の中で両者を議論して基準を策定することは事実上不可能であること等の理由から、われわれは今回の取り組みを会計報告の部分に限定することにしました。ただ事業報告の重要性は十分認識しており、またそれはＮＰＯ法人の情報公開について車の両輪とも言えるものですから、今後別の機会に検討できるのであれば、取り組むべき重要な課題だと認識しており、われわれ以外にその課題に取り組むところが出てくればおおいに推奨するものです。それまでの間は、各ＮＰＯ法人が独自の工夫を重ねてより良い事業報告書を作成されることを望みます。

ＮＰＯ法人会計基準策定の基本的考え方

8. 第6項で述べたようにＮＰＯ法人会計基準の目的の視点を、利用者たる一般市民に置いたため、そこからわれわれは会計基準を策定するに当たって、次の2つの理念を最上位におくべき基本的考え方と位置付けました。

　　　（1）市民にとってわかりやすい会計報告であること
　　　（2）社会の信頼にこたえうるような正確な会計報告であること
そしてこの2つの基本的考え方を具現するＮＰＯ法人会計基準とはどうあるべきかについて議論しました。

他の会計基準等との関係

9. 第8項の基本的考え方を出発点として、他の会計基準等の検討をしました。

会計基準ではありませんが、経済企画庁（現在の内閣府）が、1999年に作成した「特定非営利活動法人の会計の手引き」（以下「手引き」という）を検討しました。この「手引き」は現在全文を入手することが困難ですが、それは内閣府をはじめ各所轄庁がＮＰＯ法人向けに提供している雛型の原型となったものです。その特徴は収支計算書を「資金収支の部」と「正味財産増減計算の部」に分けていることにあります。

「手引き」に準拠して従来から会計報告を作成している法人も多く、そ

のためＮＰＯ法人会計基準の策定の際に、「手引き」の方法を選択適用できるように残してほしいという意見も寄せられました。また「手引き」の方法に長所もあるという意見もありました。

しかしながら、「手引き」の方法は、当初指針のない状況では一定の成果はあったと認められるものの、非常に複雑で難解なものであり、「わかりやすい会計報告」という基本的な考え方に合致しないこと、特に１取引２仕訳という複雑な会計処理は受け入れがたいこと、会計基準の根幹をなす財務諸表体系の部分で選択適用を認めるのは前例がないこと、「手引き」の方法が必ずしも浸透しているとは言えないこと、「手引き」の方法の長所は他の方法でも代替可能であることなどの理由から、ＮＰＯ法人会計基準策定の議論では、選択肢として残さないことになりました。

10.　非営利法人としては類似する点の多い公益法人に対する公益法人会計基準の適用可能性も検討しました。これは特に委員会の委員などからではなく、外部の会計専門家から指摘されることが多くありました。つまり公益法人会計基準がすでに存在しているのにもかかわらず、さらにＮＰＯ法人会計基準を作成する必要があるのかというものです。

しかしながら公益法人は非営利法人とはいっても大規模法人が多く、小規模な法人が多いＮＰＯ法人に対する会計基準としては公益法人会計基準は適用しにくい部分が多いこと、公益法人会計基準は、公益法人に特有の公益認定のための基準という性格を有していることなどの理由から、そのまま適用することには無理があると判断しました。

しかし、ＮＰＯ法人にも適用可能な考え方が公益法人会計基準の随所にありますので、可能な限りそれを参考にしました。

11.　企業会計の基準についても検討しました。企業会計基準は何と言っても我が国において最も歴史があり、かつ社会に受け入れられている会計基準ですので、われわれとしても大いに参考にすべき会計基準として検討しました。

それはＮＰＯ法人が会計専門家の支援を受ける場合、会計専門家はとかく企業会計に対する造詣が深い半面、第９項の「手引き」の方法などは会計専門家にとっても難解なもので、そのことがＮＰＯ法人が会計専門家の支援を受ける際の大きなハードルとなっていたからです。

とはいえ企業会計の考え方を全面的に導入することについては、営利法人を対象とする企業会計基準と非営利法人を対象とするＮＰＯ

183

法人会計基準とでは、明らかに考え方に相違がある部分があること、小規模であることが多いNPO法人にとって全面的な企業会計の導入は新たな障壁になりかねないことなどの理由から、NPO法人にとって当面必要と考えられる範囲において取り入れるという立場をとりました。

12.　NPO法人会計基準に直接の規定のない事項に関しては、当面、公益法人会計基準、企業会計基準を参考にしつつ、利用者の判断を誤らせないと考える会計処理を個々のNPO法人が選択することになります。このような事例が蓄積され、NPO法人会計基準に規定のない事項で多くのNPO法人に関わる事項が明らかになれば、NPO法人会計基準の規定の追加や修正を検討することが将来必要になるかもしれません。例えば金融商品会計基準が対象とする有価証券の会計処理では公益法人会計基準と企業会計基準の会計処理に違いがあるため、どちらの会計処理がNPO法人の会計処理として適切であるかなどは、今後の検討課題の一つになる可能性があります。また減損会計、税効果会計などをNPO法人に適用すべきかどうかも将来検討すべき課題となるかもしれません。

13.　われわれは公益法人会計基準、企業会計基準のほかに、アメリカの非営利法人会計基準やイギリスのチャリティ会計なども参考にしました。これらについても取り入れることが可能な部分は極力取り入れる方向で検討しました。

複式簿記と発生主義

14.　簿記の方法が大きな議論の対象となりました。第8項の会計報告書の正確性を担保するためには複式簿記の導入が不可欠であるとの意見が多くを占めました。現金預金の動きを表す出納帳のみの簿記形態であれば、結果として作成される収支計算書と貸借対照表がうまく繋がらず、そのため明らかに間違った会計報告が多く行われている現状があるからです。またNPO法が成立した直後ならいざ知らず、10年以上も歴史を刻み、重要な活動もしているNPO法人にとって複式簿記の導入程度は最低の義務であるとの強い意見もありました。

15.　一方従来から現金預金の出納帳だけの処理をしている法人が多数存在すること、現金預金の取引が大半を占めるNPO法人に複式簿記が必ずしも必要とは言えないこと、会計の素養が少ないNPO法人の担当者にとって複式簿記は非常に高いハードルと感じられることなど

の理由から、単式簿記も認めるべきだとの意見もありました。その場合現金預金以外の資産や負債は会計帳簿以外のところから抜き出して貸借対照表を作成するという方法を採用するという見解もありました。

16.　委員会では、会計基準そのものに簿記の方法まで書き込まないまでも、複式簿記の採用が暗黙の前提となるという方向で合意しました。それは、複式簿記が会計報告の正確性を担保する最善の方法であること、必ずしも複式簿記の習得が思われているほど難しいものではないこと、仮に現金預金しか存在しない法人であれば、複式簿記といっても単式簿記の場合とほとんど同じ結果となり、過度の負担を強いるものではないことなどの理由からです。

17.　複式簿記を採用した当然の帰結として現金主義ではなく発生主義の会計を基本といたしました。これも明文で発生主義という言葉は使っていませんが、基準Ⅲの第9項で「発生した収益、費用及び損失」という文言が示す通り、会計基準全体に流れる根本的な考え方です。
　これに対して一定規模以下の法人に対しては、例外として現金主義を認めるべきだとの意見も一部ありました。ここで言う現金主義とは、現金預金の動きだけに着目して財務諸表を作成する方法で、結果として資金収支的な収支計算書が作成されることになります。しかしながら一部とはいえそのような例外を設けることは不適切であること、一定規模という基準を設けることが現実に困難であることなどの理由から、そのような意見は採用されませんでした。

重要性の原則

18.　小規模な法人が多いことがＮＰＯ法人の大きな特徴です。内閣府の調査によれば、収入規模が 500 万円以下の法人が全法人の半分を占めるとまで言われています。このような小規模な法人の大半が、第 15 項で述べた出納帳だけの経理を行っています。そのような小規模な法人に対してＮＰＯ法人会計基準をいかに浸透させるのかという問題が大きく議論されました。この「小規模法人問題」はＮＰＯ法人会計基準の検討の最初から最後まで続きました。

19.　委員会としては、資金収支計算書との選択適用を認めない、第 17 項で述べた現金主義の例外も認めないという基本的方向を採用しましたので、この「小規模法人問題」に関して何らかの解決策を提示する必要にせまられました。その結果採用された考え方が、「重要性の原則

を柔軟に解して少しでも負担の軽減を図る」というものです。

20.　重要性の原則は、会計には昔から存在する考え方です。重要な事項は厳密な会計処理を要求するが、重要でないものはより簡便な会計処理で良いとする考え方です。この場合「何が重要で何が重要でないのか」という判断が大事になります。

　　重要性の判断に関して何らかの基準や目安を示してほしいという声が多く寄せられました。またそのような漠然とした言い方では、現実の実務で迷ってしまうという意見も多くありました。

　　委員会としてはそのような意見の趣旨はよく理解しましたが、結局会計基準本文には重要性に関する何らかの基準や目安を書かないこととしました。考え方として重要性はＮＰＯ法人自らが判断する、その判断は仮に簡便な方法をとるという判断をしてもその判断が全体的に利用者の判断を誤らせない場合に限るというものです。しかしながらそれだけでは不十分なので、重要性の判断に関して参考となる事例を可能な限り《Ｑ＆Ａ》に載せました。重要性は数量的に一律に決めることができない性格のものである以上、今後の実務慣行の成熟に待つところが多いことも事実です。ただ「重要でないものは簡便な方法でもよい」というメッセージを強く発することによって、ＮＰＯ法人会計基準導入の不安感を少しでも和らげる効果があると考えています。

21.　「重要な事項はより厳密な会計報告としなければならない」ことを随所に明示しました。一般的に重要性の原則は重要性が乏しい場合に簡便な方法を用いることができるという意味で使われることが多いのですが、できる限りシンプルな形で原則を示すことにしたため、反対に重要性が高い場合は厳密な方法によることを明らかにする必要性があると考えたからです。

　　このため、基準に「……することができる」と書いてあっても、「……しなければならない」ではないからやめようではなく、法人自らすすんで厳密な会計報告をすることは、大いに望まれるところです。

財務的生存力とフローの計算書

22.　第8項で述べたように、会計報告は正確なものでなければならないこと、また第16項で述べたように、会計報告の正確性を担保するためには複式簿記が採用されるべきであること、また第17項で述べたように発生主義を基本とすることなどの理由から、ＮＰＯ法人のフローの計算書は資金収支的な収支計算書ではなく、営利企業の損益計算書

に相当する計算書であるべきであるとの結論に達しました。

なぜなら資金収支的な収支計算書は、資金の範囲の違いによっていくつかのパターンがあるものの、ＮＰＯ法人のすべての資産と負債の動きを表すものではなく、資金の範囲に含まれる限定された部分のみの動きを表すにすぎないからです。その結果正味財産のすべての動きがカバーできず、フローの計算書とストックの計算書の貸借対照表が一元的に結びつかなくなります。ＮＰＯ法人の作成する会計報告が必ずしも正確なものでなかった大きい原因の一つは、その点にあります。すべての正味財産の増減原因を示すフローの計算書が作成できれば、フローの計算書の最後の数字（「ボトムライン」と言います）は期末正味財産（当期正味財産増減額に前期繰越正味財産額を加えたもの。次期繰越正味財産額）となり、それがそのまま貸借対照表の正味財産合計と一致することになりますので、フローの計算書とストックの計算書の貸借対照表との整合性を簡単に確認できます。

23.　　ＮＰＯ法人は非営利法人であって、営利企業のように利益の獲得を目的として活動しているわけではないから、損益計算書のようなフローの計算書は不適当であるとの反対意見がありました。

確かにＮＰＯ法人は営利を目的として活動していませんから、営利企業と同じ意味で損益計算書的なフローの計算書が必要であるとは言えません。しかしながらＮＰＯ法人であったとしても、継続して活動を続けていくことのできる財務的な力があるか否かを判断することは、きわめて大切です。いくら社会的に良いと認められる活動を行っていても、財務的に破たんするようなことになったら意味がないからです。営利企業が極大化を図ろうとしている利益は正味財産増加額から構成されますが、ＮＰＯ法人であっても今後法人そのものが存続し続ける力があるのか否かを把握するためには、正味財産がどれだけ増加したかを計算表示することはきわめて重要です。正味財産がどのような活動によってどれだけ増加・減少したかについての情報は、営利企業だけでなくＮＰＯ法人にとっても重要となりますから、損益計算書的なフローの計算書はＮＰＯ法人にとっても欠かせないものです。アメリカの非営利法人会計基準に強い影響力を与えたアンソニーレポートは、非営利法人が存続し続ける力のことを「財務的生存力」と称しています。

24.　　事業活動によって獲得した成果だけでなく、事業や管理のサービスに費やしたコストを正しく計算し報告することは、ＮＰＯ法人の財務的生存力を評価するうえで会計報告の利用者にとって大変重要です。資金収支的な収支計算書ではコストに関係しない投資的な支出や財

務面での収支などが混在するようになるので、正確なコストは算定できません。

25.　われわれは、この損益計算書的なフローの計算書のことを「活動計算書」と称することで合意しました。他の非営利法人会計などでは「正味財産増減計算書」とか「事業活動収支計算書」などと呼ばれることもありますが、ＮＰＯ法人の活動の実態を会計的に表現する計算書という意味で、「活動計算書」という名称が妥当と判断したからです。アメリカの非営利法人会計基準でも、活動計算書のことを Statement of Activities と称していることも参考にしています。

財務諸表の体系

26.　委員会は、「活動計算書」と「貸借対照表」を、ＮＰＯ法人の財務諸表とすることとしました。なお財務諸表という言葉は、一般に「計算書類」と呼ばれる場合もありますが、それは法人内部のガバナンスで使われるケースが多く、より外部報告のための会計報告というニュアンスを強めるために、「財務諸表」という言葉を使用することに統一しました。

27.　委員会は、「注記」を非常に重要なものと考え、会計報告に組み込むような位置付けにしました。つまり、注記は財務諸表の中に必ず記載しなければならないこととし、いわば「財務諸表と一体のもの」と位置付けしています。したがって、実質的には財務諸表は、活動計算書、貸借対照表及び財務諸表の注記の３つとなります。

28.　ＮＰＯ法に規定する財産目録は、法律に規定がある以上作成しなければなりません。財産目録は実質的には貸借対照表の附属明細書的な機能しか持たず、それは法律上削除される傾向にあり、他の会計基準では財務諸表から除くようになってきたため、われわれは財産目録を財務諸表とは別の会計報告書と位置付けました。このために、財産目録を含めて表記するようなときには、「財務諸表等」と称することとしました。

　財務諸表等を掲げる順番について、ＮＰＯ法では財産目録、貸借対照表、収支計算書の順になっています。しかしわれわれは財産目録を貸借対照表の附属明細書的なものとして位置付けたこと、活動計算書がＮＰＯ法人の活動の実態を示す最も重要な計算書であること、「注記」も重要な会計報告であることなどの理由から、活動計算書、貸借対照表、財務諸表の注記、財産目録という順番にしました。

29. 　ＮＰＯ法に「収支計算書」という言葉があるにもかかわらず、会計基準で「活動計算書」と称することは不適当ではないか、いや法律違反ではないかとの強い反対意見もありました。

　しかし、ＮＰＯ法に規定のある収支計算書について定義を明文にした規定は一切ないこと、またすべての資産と負債の動きを表現するためには資金的な収支だけの計算書では不十分であること、他の非営利法人会計の場合でも法律の用語と、会計基準の用語とでは異なっているケースが見られることなどの理由から、活動計算書という名称で差支えないと判断しました。しかし、会計報告の利用者が誤解してはいけないとの配慮から、注記などの様々な箇所に、「特定非営利活動促進法第28条第1項の収支計算書を活動計算書と呼んでいます。」との記載を行うこととしました。

2011年6月15日のＮＰＯ法改正により、「特定非営利活動促進法第28条第1項の収支計算書を活動計算書と呼んでいます。」の記載は不要となりました。

無償又は著しく低い価格での財やサービスの提供

30. 　ＮＰＯ法人が営利企業と根本的に異なる点は、ＮＰＯ法人の場合、財やサービスを提供して対価を得る方法が収益の主たるものではなく、寄付金や助成金、無償又は著しく低い価格で物的サービスの提供を受けるという収益も存在する点です。このため、営利企業の場合はほぼ「売上高」だけが収益になるのに対して、ＮＰＯ法人の場合は、事業収益の他に、受取会費、受取寄付金、受取助成金・受取補助金など多様な資金調達原資である収益があることになります。

31. 　ＮＰＯ法人に対する無償又は著しく低い価格での財やサービスの提供は、営利企業で言えば、売上高というより、資本の出資に近い性格を持っているとも言えます。つまりＮＰＯ法人にこれだけの資金提供をするので、それに応じて自らに還元してもらうというのではなく提供した財やサービスを公益目的に使ってほしいという支援者の期待が、それらの提供に含まれているとも言えます。このことをとらえて、ＮＰＯ法人に対する無償又は著しく低い価格の財やサービスの提供は、営利企業の場合の「資本取引」ではなく、非営利法人に特有の「贈与取引」であるとする研究があります。

現物寄付に関しては、公正な評価額で評価するという原則は変えていないものの、その態様が様々であるため、2017年12月12日の改正において、その態様に応じた具体的な処理を明示するため、新たに《Q&A》13-5、13-6、13-7（093p〜097p）を追加することとしました。

32. 　ＮＰＯ法人に対するこれらの無償又は著しく低い価格での財の提供は、すべて現金預金で行われるとは限りません。物品を受領することもよくあります。このような現物寄付金は、従来会計報告の対象として取扱われることはまれでした。しかし、提供されるものが現金預金であろうと、物品であろうとも、その実質は同じです。

_189_

われわれは、現物寄付金を公正な評価額で受け入れ、会計報告の対象にするべきだと考えました。この点については、委員会の議論でも大きい反対はありませんでした。

　ただ公正な評価額とは何か、あるいは客観的な評価額がわからないときはどうするのかといった点が議論になりました。路線価、固定資産税評価額、見積売却額、定価等、様々なものが考えられますが、あえて会計基準そのものにはこれというように限定せずに、《Ｑ＆Ａ》などで例を示すこととしました。

　またそれに対しては当然重要性の原則が適用されますので、重要性の乏しいものまで、すべて評価することは考えないことが前提となっています。さらに元来金額評価になじまないものもありますので、それらは財産目録に物量で表示し、金額欄には「評価せず」と記載するという方法も示しました。

33.　無償又は著しく低い価格で施設の提供等の物的サービスを受けた場合にどうするのかについて検討しました。たとえば通常ならば有償である施設を厚意により無償で使用することを認められたような場合や什器備品を無償で借りたような場合です。

　このような場合には、ＮＰＯ法人の真実のコストを表示すること、援助を受け取ったという事実を表示することなどの理由から、活動計算書に「施設等受入評価益」を計上するとともに、同額の費用を「施設等評価費用」として計上するという方法の採用を検討しました。

　このような会計処理方法については、確かに望ましい方法ではあるものの、その金額の算定に迷うということ、お金が動いていない事象を会計的に表現することへの理解が得られにくいのではないかということなどの理由から、そのような方法の採用は時期尚早であるとの意見が多数を占めました。

　このため、無償又は著しく低い価格で物的サービスの提供を受けた場合は、それを従来通り会計的には認識しない方法に加え、合理的にその金額を算定できる場合には、その事実を注記することができるということにしました。さらに、その金額を外部資料等により客観的に明確にできる場合には、活動計算書に計上することができるとしました。しかもこの規定は「できる」として、「しなければならない」というような強い表現にはしませんでした。

　ここで「合理的」というのは財務諸表作成者が利用者に対してその金額評価の根拠について十分説明可能な程度の水準にあることを指し、「客観的」というのは、さらに誰でもが入手できる具体的な外部資料が存在する水準を指します。この点は次のボランティアによる役務の提供の場合でも同じです。

なお金額を合理的あるいは客観的に算定できる場合は、上記のどの会計処理方法を採用したのかについては、重要な会計方針として注記することとしました。

ただちにそれら無償のサービスの提供を活動計算書に計上する方法を採用する法人は、あまり多くないと考えています。しかし今後慣行が成熟し、社会の理解も得られやすい状況になったとき、積極的に活動計算書に計上する方法を検討する法人が増加することを望んでいます。

ボランティアによる役務の提供

34. 第33項と同じ事象の延長線上にある事象として、ボランティアによる無償または著しく低い価格による役務の提供の問題があります。ボランティアの人件費を費用として計上するとともに、それと同額を収益に計上する方法も検討しました。ＮＰＯ法人はボランティアによる無償の労力に支えられている部分が非常に多く、これは営利企業に見られない特色となっています。またボランティアの労力を金額評価しないことにより、ＮＰＯ法人の真の活動規模が過小評価されている問題もかねてから指摘されていました。さらに事業活動はほとんどボランティアにより支えられており、有給の職員は管理業務を行っているだけというＮＰＯ法人の場合は、一見すると、まるで事業をほとんど行っておらず、管理業務だけにお金を使っていると見られてしまうという弊害もありました。ボランティアの人件費評価相当額の計上ができれば、これらの問題が一挙に解決することになります。

35. ボランティアの人件費評価についてアメリカの非営利法人会計基準では、金額の測定可能性を考慮して、一般的な労力を無償又は著しく低い価格で受けたときには、会計的な評価を行わないが、特殊な技能をもった専門家などの労力を無償又は著しく低い価格で受けたときに限り、活動計算書に計上するという方法をとっています。

36. 労力を無償提供してもらったボランティアのすべてについて金額評価をしてよいものか否かも問題です。たとえば、ある事業については10人の労力が必要な場合で、ボランティアが集まらなければ有償で人を雇うしかないといった場合について、予想を上回って20人のボランティアが集まったときなどです。ボランティアはあくまで自由意思で参加しており、その行為は受け入れるべきですから、まさか残りの10人の人に引き取ってもらうというようなことはしません。このとき20人の人件費を計上することは、明らかに過大な費用計上となりま

す。

37.　この問題について検討しましたが、やはり金額評価が難しいこと、必要な人員を明確に算定しがたいこと、さらに本質的な面でボランティアの無償の行為を金額評価して会計報告に載せることにそもそも違和感があることなどの理由により、積極的に活動計算書に計上する方法を主張する意見は少数でした。

38.　このため会計基準では、第 33 項の施設提供等の物的サービスの無償提供と同様な規定を置くことにしました。つまり従来同様会計報告の対象としない（この場合は事業報告書などでその内容を記載することとなると考えられます）方法をそのまま認めるとともに、合理的に金額を算定できる場合には注記をすることができること、さらにその金額を外部資料等により客観的に把握できるのであれば、活動計算書に計上することができることとしました。活動計算書に計上する場合は、収益の部に「ボランティア受入評価益」を計上し、費用の部にそれと同額の「ボランティア評価費用」を計上することとなります。

　なお第 36 項で述べた問題がありますので、活動計算書に計上するにしても、ＮＰＯ法人の活動の原価の把握にあたって必要な部分に対応する額だけに限ることとなります。

　以上のことも含まれますが、第 33 項の無償又は著しく低い価格での施設の提供等の場合と違って、ボランティアによる役務の提供すべてを対象とするのではなく、「活動の原価の算定に必要なボランティアによる役務の提供」に限定しました。これは活動の原価を算定するときにどうしてもボランティアの労力を評価しないと不合理と判断されるような場合のことですから、日常的な管理業務などへのボランティアの労力の提供などを評価することまでは想定していないことを意味しています。

　また金額を合理的あるいは客観的に算定できる場合は、上記のどの会計処理方法を採用したのかについては、重要な会計方針として注記することとしました。

39.　ボランティアの人件費計上の問題もＮＰＯ法人に特有で、かつ重要な問題ですので、金額測定手法や慣行が成熟して、多くのＮＰＯ法人が活動計算書に計上して、他の法人などとの活動規模の比較が容易になるような状況が生まれることが期待されます。

使途が制約されている寄付金等

40. NPO法人に対する資金援助には、本来の公益的な事業に使うのであれば何も制約がないものもありますが、中には使い道が指定されているものも少なくありません。たとえば、「○○の目的のために使ってほしい」という寄付金は多くあります。また助成金や補助金であれば、使途が指定されていることが通常です。

　会計的に見て、これらの使途に制約のある寄付金等を、受け入れた年度に収益として計上して、単純に正味財産を増加させてよいものかどうかは疑問です。たとえば環境保護を目的とするNPO法人に対して、緑の保全のために土地等を寄贈してもらった場合を考えてみましょう。貸借対照表は一見すると多額の資産が計上されており、あたかも「裕福な団体」と思われてしまいますが、その土地等は半永久的に保持しなければならず、NPO法人が自由に使うことのできる資産は本当にわずかな部分だけということがあります。

　また災害などが起こって、その救援のために寄付を募った場合で、寄付金を受けた会計年度と、実際に救援金や救援物資を現地に送った会計年度とがずれている場合、寄付金を受領した年度で単純に収益として計上して正味財産を増加させていいものでしょうか。なぜならそれらの資金は翌年度以降災害が起こった現地に渡されることになるので、NPO法人の自由になるお金が増加したわけではないからです。

41. 第40項で述べた問題は非営利法人に特有な問題として、かねてから議論されてきました。アメリカの非営利法人会計基準では、使途に制約のある寄付金等について、正味財産を、永久拘束の正味財産（先の環境保護の場合の土地等が該当します）、一時拘束の正味財産（先の災害救援金などが該当します）、非拘束の正味財産の3つに分ける方法が採用されています。一時拘束の正味財産は、その拘束が解けた時、つまり寄付者の使途通りに使用した段階で、一時拘束の正味財産から非拘束の正味財産に振り替えられることになります。

　一方我が国の公益法人会計基準では、正味財産を指定正味財産と一般正味財産の2つに分ける方法がとられています。アメリカの会計基準の永久拘束と一時拘束の両者をまとめて指定正味財産としているわけです。

　このような正味財産を分ける方法に代えて、使途に指定のある寄付金等で、まだ使途通りに使用していない場合は、まだ寄付者の期待通りになっていないわけですから、NPO法人にとっては翌期以降必ずその指定通りに使わなければいけない義務が生じているので、その点

を重視して負債に計上するという方法も主張されました。

42.　われわれは、これらの問題を時間をかけて検討しました。第41項で示した会計処理の趣旨はわかるものの、アメリカの会計基準や公益法人会計基準の方法は難解で、はたしてＮＰＯ法人に理解してもらえるかについて疑問視する声が多くありました。さらに正味財産を２つに分ける方法は、同じ寄付金等が最初にもらった時は指定正味財産の増加となり、使途通りに使用された場合に今度は一般正味財産の部の増加となって、あたかも二重に計上されているように見えるという欠点があります。

　　また負債方式は、理解を得やすい方法であるものの、会計上一般に認められている負債の定義を拡張しなければならないこと、一時拘束の場合はまだしも、永久拘束の場合に永久的に負債に計上し続けることにも疑問があること、最初に受け取った時に活動計算書に表現されない欠点があることなどから、これについても難点があります。

43.　結局委員会は、まずわかりやすくするために、寄付金等を受け取った年度で収益に計上することとしました。そして使途に制約のある場合は、その使途ごとに寄付金等の受入額、減少額、次期繰越額を注記することを原則としました。そして、同じ箇所に、「当法人の正味財産は×××円ですが、そのうち×××円は、下記のように使途が特定されています。したがって使途が制約されていない正味財産は×××円です。」と示すことによって、使途が制約されている正味財産があることを明示することとしました。この注記方式が原則であるという点がＮＰＯ法人会計基準の特徴の一つとなっています。

44.　しかし、その寄付金等の重要性が高い場合は、公益法人会計基準にならって、貸借対照表の正味財産の部を指定正味財産と一般正味財産に区分するとともに、活動計算書にも指定正味財産増減計算の部、一般正味財産増減計算の部の区分を設け、それぞれの動きを表示することとしました。このような会計処理については、会計基準の本文には書かず、注解として示しました。

　　この場合、使途等に制約のある寄付金等を受け入れた場合は、活動計算書の指定正味財産増減の部に記載するとともに、期末現在まだ残っている金額があれば、それを貸借対照表の指定正味財産の部に計上することになります。また、使途等に制約のある資産について、当該使途通りに使用して減少した場合や、災害等によって消失した場合には、活動計算書の指定正味財産増減の部では一般正味財産への振替として減少させるとともに、一般正味財産増減計算の部において指定正

「ＮＰＯ法人会計基準」の策定及び改正に関する資料

味財産からの振替額として増加させることになります。つまり使途が解除されたので、指定正味財産が減少して、ＮＰＯ法人が自由に処分できる一般正味財産が増加したと考えるわけです。この結果期末には、それらは貸借対照表の一般正味財産にまとめて計上されます。

このような会計処理に関して、公益法人会計基準の場合は、指定正味財産についてそれに対応する資産との厳密な結びつきを要求していますが、ＮＰＯ法人の場合はそれは難解過ぎるので、そこまでは求めないこととしました。什器備品や車両運搬具等の購入のための寄付金等については、原則的には資産を購入した時ではなく、実際にその資産を使用した時に使途が解除されたと考えるべきものです。つまり、資産の減価償却の実施に伴って、それに対応する部分を指定正味財産から一般正味財産に振り替えるという会計処理が必要になります。しかし、什器備品や車両運搬具等は通常耐用年数も短いので、簡便的にこの両者に限って、取得した時を使途が解除されたときとみなす取り扱いを注解で示しました。このため、建物のような比較的長い耐用年数のものは、原則に立ち返って減価償却の都度、指定正味財産から一般正味財産に振り替える会計処理が必要になります。

なお、上に述べた使途の制約の解除の考え方は、注記による場合でも同じように適用されます。つまり注記の場合は、「当期減少額」の金額を書かなくてはいけないので、財務諸表への記載方法は異なりますが全く同じ考え方で対応する必要があります。

使途等に指定のある寄付金等に関して上記のような正味財産を区分する会計処理を行うのは、当該寄付金等が重要な場合に限っており、したがって、注記を行う法人が大半になると見込まれます。しかし、積極的に正味財産に計上する方法を採用する法人が現れることを決して否定しているものではありません。

45. 　第40項から第44項で述べた問題に関連して、ＮＰＯ法人の会計年度によっては、助成金等をもらった年度と、それの助成対象事業の終了年度とが異なる場合があり、単純に助成金等をもらった年度で収益計上してよいものか否か判断に迷う場合があります。つまり事業実施期間の途中でその法人の会計年度末が到来したような場合です。

このような場合で、対象となる助成金等について未使用額の返還義務が課されている場合には、未使用額を負債として計上することにしました。つまり、交付要綱等に従った支出に対応する部分については、受取助成金等として計上し、使途が制約された寄付金等として処理しますが、未使用額については負債として翌期に繰越すことになります。これは返還義務があるような場合の一時的かつ経過的な意味合いでの負債への計上であって、第41項で述べた「負債方式」とは異なる

195

意味ですので、この点は注意する必要があります。

　なおこのように複数年度にわたって受取助成金等が計上される場合は、活動計算書に記載された金額が、使途が指定された寄付金等に該当し、第43項で述べた注記が必要になります。そのため助成金等の総額がわかりにくくなりますので、注記の備考欄に助成金等の総額を記載することが望ましいとしました。

　しかし、この会計処理も煩雑ですので、重要性が乏しい場合は、それぞれ入出金がなされた年度で会計処理をしてもよいものと考えています。

その他の事業との区分経理

46.　ＮＰＯ法第5条には、「その他の事業に関する会計は、当該特定非営利活動法人の行う特定非営利活動に係る事業に関する会計から区分し、特別の会計として経理しなければならない。」という規定があります。一般にこれは「区分経理」と称しています。従来これは特別会計を設け、収支計算書だけではなく、貸借対照表も区分するものだと解釈されてきました。現実に所轄庁の雛型などでも、その他の事業を行っている場合は、特定非営利活動のそれとは別に、その他の事業でも会計報告を一式そろえる形式がとられているところが多くありました。

47.　しかしながら、貸借対照表も区分するとなると実務的には相当複雑になります。現金預金だけならまだしも、他の資産や負債を明瞭に区分することは、特に共用している場合などは難しくなりますし、かえって恣意的になる場合すらあります。また繰入金収入や繰入金支出などの振替のための科目も使わなくてはいけませんし、他会計勘定などの貸借勘定も使用しないと無理なケースがあります。このため特定非営利活動とその他の事業との明瞭な区分を目的とする規定が、反対に複雑化することにより、かえって誤りや恣意的な区分を増長させ、目的と相反する結果となりかねない結果となることが多く見られました。何よりも会計報告を作成するＮＰＯ法人にとって事務処理が増大しますし、利用者にとってもわかりにくいものになります。

48.　ＮＰＯ法第5条の規定と同様の規定が「公益社団法人及び公益財団法人の認定等に関する法律」第19条に規定されています。第19条について、公益認定等委員会から公表された「公益認定等に関する運用について（公益認定等ガイドライン）」では、貸借対照表までの区分を要求していないという記述があります（ガイドラインⅠ-18-(2) 認定

「ＮＰＯ法人会計基準」の策定及び改正に関する資料

法第 19 条関係〈収益事業等の区分経理〉)。この記述も参考にして、活動計算書だけの区分で法の趣旨に十分こたえられるものと判断しました。会計基準の本文においては、活動計算書を区分することのみを示していますが、これは貸借対照表や財産目録は区分しないことを意味しています。また「区分する」とは一葉の活動計算書で欄を区分するという意味であって、別々の活動計算書を作成する意味ではありません。具体例を様式 4 として記載しています。われわれは、その他の事業を行っている場合でも法人全体の金額を示すことが重要であると考えています。もっとも法人自ら貸借対照表を区分する財務諸表を作ることまでも否定するものではありません。

なお、その他の事業の利益を特定非営利活動に係る事業に繰り入れる場合には、活動計算書において経常外収益及び費用を記載した後、「経理区分振替額」として同額をその他の事業からマイナスし、特定非営利活動に係る事業にプラスする方法を様式例やガイドラインで示しました。活動計算書のみを区分する原則的な方法の場合は、この仕訳だけを追加していただいたら結構ですし、仮に貸借対照表も区分する方法を採用した場合には、この勘定を使って実際に預金等を動かしていただければ結構です。いずれにせよこのように処理することによって、その他の事業に正味財産が蓄積されるデメリットを防ぐことができます。

その他の事業がある場合の活動計算書（様式 4）に関しては、2011 年 11 月 20 日の改正において、前期繰越正味財産額及び次期繰越正味財産額について貸借対照表を区分しないのに、そこに金額が計上されることへの疑問があったことから、金額を記載しない様式に変更しましたが、その数値には一定の意味があることから、2017 年 12 月 12 日の改正において、金額を記載するという当初の様式に戻すこととしました。
「様式 4—その他の事業がある場合の活動計算書」は、036p

費用の分類と複数事業

49.　かねてより非営利法人たるＮＰＯ法人では、費用を事業費と管理費に区分する実務が行われてきました。事業費とはＮＰＯ法人が行う事業に直接要する費用であり、管理費とはＮＰＯ法人の管理運営のための費用とされてきました。

50.　確かに事業費と管理費の区分の趣旨はわかりますし、そのＮＰＯ法人が本当に非営利活動を主たる活動としている法人であるのか否かを判断する際にも重要な区分とされてきました。つまり管理費の割合が異常に高いとか、管理費が事業費よりも多く使われている場合、一体その法人は本当に特定非営利活動を主たる活動としているのか、法人内部に還元すると見られやすい役員報酬など、組織維持だけが目的の法人ではないのか、という疑念をいだかせるからです。

51.　しかしながら実務的には、事業費と管理費の区分は非常に難しいものがあります。特にＮＰＯ法人の場合は、少数の職員が何もかも兼務しているという状態が多く、通信費や消耗品費などのその他の経費も

197

共通で使用して、明確にこれは事業費、これは管理費と判断できるケースばかりではないことがよくあります。

このような場合、事業費と管理費の区分を強調しすぎたために、按分に際し、何パーセントは事業費、何パーセントは管理費というように、あまり裏付けのない比率で按分する事例も多くありました。実務的には按分比率の決定は難しく、その結果恣意的な按分も多くみられるようになり、かえって利用者の理解が難しくなる例もありました。

52. 複数事業を行っている場合は、事業費と管理費の2区分だけでなく、事業費をさらにA事業費、B事業費というように分類し、さらに按分比率を用いて按分することになります。

その結果、事業費の方は、金額が大きいのにもかかわらずA事業費、B事業費という目的別分類で表示し、管理費の方は形態別に通信費、消耗品費などと細かく表示するというように、非常にバランスの悪い会計報告が多く見られました。所轄庁の雛型にそのように記載されているケースもあることが、さらにこの傾向を強めました。

53. そして第52項のような場合の会計報告では、A事業費、B事業費という科目の中に何もかも入っていますから、利用者にとっては一体そこに何が含まれているのかが全く見えない事態となりました。特に大きい問題は人件費がその中にいくら含まれているのかがわからないことが、NPO法人の会計のデータベースを作成しようとしてもできないネックになっていました。

54. 以上のような現状の分析から、委員会としては、費用の分類をまず事業費と管理費に区分するとともに、そのそれぞれについてさらに人件費とその他経費に区分することとしました。

この場合、事業費と管理費に共通的に発生する費用については、合理的な基準を用いて按分することを原則としました。按分方法については、特に小規模の法人では慣れていないところも多いと考えられますので、《Q&A》で具体的な方法を示すこととしました。

当初、事業部門と管理部門とが明瞭に分化していないところには、しいて事業費と管理費の区分を行わなくてもよいとする案もありました。しかしそうなると、活動計算書に2種類の形式ができることとなり比較可能性の問題からそれは望ましくないと判断しました。また事業部門と管理部門が明瞭に区分されていないところに対しては、人件費とその他経費だけの区分とし、そうでないところは注記として事業費と管理費の区分を行うという案が、有力なものとして最後まで提案されました。

しかしながら、委員会の議論でも両論があり、かつパブリックコメントでも、この注記方式に対して強い反対意見があったこと、また事業部門と管理部門が明瞭に分化されておらず、何らかの基準としての対応が必要と考えられる法人が、推定以上に少ないとみなされることから、活動計算書に事業費と管理費の区分を行うことに統一しました。ただし形態別分類はぜひとも必要なので、再区分として人件費とその他経費の区分も同時に取り入れることとしました。

なお複数事業の事業別開示につきましては、次項で述べていますように、法人の任意とし、記載方法も注記とすることとしましたが、この場合活動計算書において「○○事業費」「△△事業費」と目的別分類の科目を使うのではなく、あくまで費用の性質を表わす形態別分類の科目を使用することを強調しています。目的別分類では、その中にどのような科目が入っているのか全くわからないからです。事業別の金額は、注記として記載されることになります。

55.　複数事業を行っている場合、事業ごとの金額表示を行うのか否かも法人の判断にまかせることとしました。このように「できる」として「しなければならない」とはしなかった理由は、ＮＰＯ法人によっては種々のケースが生じることが予想され、かつ会計基準としては最低限のルールを定めることにしているため、会計基準の中で強制することが躊躇されたこと、他の法令等により別の要請があるケースも多いことなどを考慮したためであり、ＮＰＯ法人の裁量にすべてをゆだねるという意味ではないことは注意しておく必要があります。利用者の判断に対し有用であると考えられる場合は、注記として複数事業の事業別開示を行うことになります。

なお、一種の内訳表のような形式で活動計算書そのものを開示する方法も選択として残すべきだとの意見もありましたが、活動計算書の様式そのものを複数容認することは基準としては望ましくないと考え、注記方式に統一しました。

またこの場合には収益の側も事業別に区分して事業別の損益を表わす方式も選択肢として認めています。もっともこの場合は、「事業費の内訳」という注記ではなく、「事業別損益の状況」という注記になります。

その他の論点

56.　一般原則については、ＮＰＯ法や他の非営利法人会計基準などの場合と大きく変わるものではありません。ちなみにＮＰＯ法第27条の第二号の原則（正規の簿記の原則）は本会計基準の第4項に該当し、法

の第三号の原則（真実性・明瞭性の原則）は本基準の第3項に該当します。また法の第四号の原則（継続性の原則）は本会計基準の第5項に該当します。

　本会計基準ではそれ以外に、会計基準第6項に単一性の原則、会計基準第7項に重要性の原則を追加しました。会計基準第6項は、ＮＰＯ法人の場合、一般市民の閲覧に供する財務諸表だけでなく、助成財団向けや、委託や補助で行政向けの財務諸表等、数種の会計報告をする事例が多いので、それらの会計報告の基礎となる数値は同じものでなければならないことを確認するために追加したものです。会計基準第7項は、当文書の第18項から第21項で述べた通りです。

57.　財務諸表の注記は、非常に重要であるにもかかわらず、ＮＰＯ法人の実務ではあまり一般的でなかったため、詳しく記載事項を示しました。

58.　棚卸資産や固定資産の概念はＮＰＯ法人の実務においてまだそれほど慣れていない場合もあると考えられるので、企業会計等では当然のことであっても、本会計基準には確認のために示しています。

59.　固定資産の減価償却費については、それが時とともに価値が減少する事実に着目して、減価償却をしなければならないこととしました。これについては、営利企業と違って期間収益に期間費用を対応させて表示する必要性に乏しいので不要ではないかとの意見もありました。また減価償却をするのか否かを任意とするべきだとの意見もありました。さらに、受贈固定資産に対しても減価償却を行うと、利用者の負担を軽減させようとした贈与者の意図が半減されるという指摘もありました。

　しかしながら、ＮＰＯ法人といえども活動のコストを正しく把握することは重要であるので、減価償却を義務付ける方向で意見がまとまりました。

　受贈固定資産については、贈与者の意思が利用者などの負担を軽減する目的にある場合に、利用者の負担を軽減して減価償却費をそのまま計上すると、正味財産増減額がマイナスになることも想定されますが、その事実もまた利用者にとって有用な会計情報と考えられます。さらに複式簿記の範囲内で統一的に処理する方が簡明であるというメリットもありますので、固定資産について購入したものなのか、受贈したものかの区別は行わないこととしました。

　ただ特に小規模のＮＰＯ法人の場合、減価償却という手法になじみがうすいので、《Q＆A》においてその方法を説明することとしました。

「ＮＰＯ法人会計基準」の策定及び改正に関する資料

60. 国際的ＮＧＯなどで頻繁に現れる外貨建て取引については、取引の時点では取得時の為替相場で換算し、期末には決算時の為替相場に評価替えすることとしました。

リース取引に関しては、2011年11月20日の改正において、「リース取引に関する会計基準」に準拠して売買取引に準じる方法を原則とする方法へ変更しました。しかし、重要性の低い場合には賃貸借取引に準じる方法が許容されるので、実質的には大きい影響はないと考えられます。121p《Q&A》20-2 を参照。

61. リース取引については、企業会計の基準とは原則と例外を反対にして、賃貸借取引に準じる方法を原則とし、重要性が高い場合に限って売買取引として処理することとしました。より簡便な方法とすることを念頭においたものです。

62. 引当金については一般的な規定だけを置き、個々の引当金については詳述していません。これはＮＰＯ法人の実務にはあまり見られないこと、会計基準本文に入れると難解なもののように思われることを考慮したものです。詳細は《Q&A》に移しました。

63. 特定資産については必要な場合は勘定科目だけを明瞭に表示することとしました。公益法人会計基準と異なり、特定資産は固定資産ばかりでなく、流動資産に計上することも可能としました。また使途指定の寄付金との整合性は求めないこととしました。

会計基準の構成やガイドライン

64. 会計基準等の構成については、利用者がより理解しやすいように、会計基準本文、注解、様式及びこの「議論の経緯と結論の背景」という正式の最終成果物とは別に、「実務担当者のためのガイドライン」として、具体的数字を入れたパターン分類された記載例や《Q&A》などをまとめて別途提示するという手法を用いることとしました。つまり会計基準としては、基準本文、注解、様式の３つなのですが、これだけではわかりにくい方がおられることを考慮して、別途「ガイドライン」を同時に示したわけです。特に会計になじみのうすい担当者の方などは、ガイドラインを読むことで、なお一層ＮＰＯ法人会計基準の理解がすすむものと考えています。その主な概要は第65項から第68項のとおりです。

65. 通常の会計基準は、作成する財務諸表ごとに書かれるものですが、ＮＰＯ法人には小規模なところが多いことを考慮して、本会計基準では一種の積み上げ方式を採用しました。
　現金預金以外に資産や、負債が存在しない非常にシンプルな形態のＮＰＯ法人であれば、会計基準の全文を読まなくても簡単に会計基準

201

を導入できるようにしました。わかりやすくするために、この場合の具体的な記載例をガイドラインで示し、従来の資金収支的な収支計算書とほとんど変わらないことを強調しました。

　収益のうち受取会費については、確実に入金されることが明らかな場合を除き、実際に入金した時に収益を計上することにしました。ただし、翌期以後の数年分をまとめて頂いたような場合には、すでに入金されているわけで回収可能性についての問題はありませんが、未経過分について返還しなければならない場合も起こり得ますから、必ず負債に計上しなくてはならないこととしました。

　次に対価を得る商品の売買があるとか、行政から委託事業を受けるようなケースでは、少し従来と異なる会計処理が必要になりますので、その場合の規定や記載例を用意しました。

　次にNPO法上のその他の事業を行っている場合は、区分経理が必要になりますので、その規定及び様式と具体的な記載例を示しました。

　また現物寄付やボランティアの人件費計上など、営利企業とは異なるNPO法人特有の会計事象がある法人に対しては、さらに必要な会計処理が加わりますので、その場合の規定や記載例を示しました。

66.　第65項の趣旨を実際使われる方が間違えないようにするため、通常の会計基準では見られない使用方法をガイドラインで説明する他、フローチャートなども作成しました。

　これらは従来会計基準というものになじみのうすかったNPO法人が、少しでもNPO法人会計基準を受け入れやすくするための工夫です。

67.　一方、会計基準注解は、財務諸表の分類にしたがって記載しました。これは会計専門家など従来会計基準になじみのある方にとっては、むしろわかりやすい方法だからです。

68.　さらに記載例以外に別途《Q&A》も示しました。基準本文や様式だけではわかりづらい会計処理や具体的事例などを、《Q&A》として示すことで、会計基準の理解をより深めるためです。《Q&A》は、会計基準が使われていくようになって、その後現実の実務から起こってきた実際の事例に対する回答などを後日示す方が本来の《Q&A》の在り方ではないかとの意見もありましたが、会計基準の公表と同時に想定できる《Q&A》を示す方が、より望ましいと判断いたしました。いずれ種々の新たな問題が生じてくれば、《Q&A》を適宜追加したり修正したりする必要が生じる事態もありえます。

適用時期など

69. 　ＮＰＯ法人会計基準は純粋に民間の立場で作成したものですから、法律に基づいた規則などと違って、いつから適用すると決めることができる性格のものではありません。われわれとしては、ＮＰＯ法人会計基準をただちに採用できる体制にあるところは、できるかぎり早く使ってほしいと考えていますし、しばらく準備がいるというところではその準備期間が終わり次第適用することを望んでいます。したがって通常の会計基準でよく示されている経過期間などを示すことはなじまないと考えています。

　以上のようなことですから、過渡期には従来の方法によるものであるとか、ＮＰＯ法人会計基準に準拠したものであるとか、種々の会計報告がなされることとなると予想されますが、所轄庁としてはそれをそのまま受理して閲覧に供していただきますようお願いする次第です。

ＮＰＯ法人会計基準協議会運営規約

（目的）
第1条　本協議会は、ＮＰＯ法人会計基準の普及および必要な活動を通じて、ＮＰＯ法人の健全な発展と信頼性の向上を図ることを目的とする。

（活動の内容）
第2条　本協議会は次の活動を行う。
（1）ＮＰＯ法人会計基準に関する相談・研修活動への支援
（2）ＮＰＯ法人会計基準の普及ツールの作成と広報
（3）ＮＰＯ法人会計基準普及のための関係団体との連携促進
（4）ＮＰＯ法人の会計や情報開示に関する調査と提言
（5）ＮＰＯ法人会計基準の改正
（6）ＮＰＯ法人会計基準の著作権管理
（7）その他目的を達成するために必要な活動

（協議会の構成と会員）
第3条　本協議会は、各地および各分野のＮＰＯ/ＮＧＯ支援団体で、第1条の目的に賛同する有志団体を会員とする任意団体とする。
2　本協議会に新たに入会しようとする団体は、事務局を通して世話団体会の承認を得ることとする。
3　本協議会を退会しようとする会員は、事務局に退会の意思を伝えることで任意に退会できる。
4　ＮＰＯ法人会計基準及びその普及に関心のある団体および個人は賛助会員として参加できる。

（会員の役割）
第4条　会員の役割は、次の通りとする。
（1）ＮＰＯ／ＮＧＯ団体とステークホルダーに対して、会計基準への理解浸透を図り、会計基準にそった会計と情報開示を行う団体が増えるよう支援する。
（2）総会への参加
（3）メーリングリスト上の会議への参加
（4）年会費3万円を負担する。賛助会員の年会費は世話団体会で別に定める。
（5）参加団体は、毎年6月末までに、当該年度の年会費を支払わなければならない。事業年度の途中で参加した団体もその年度の年会費の全額を負担する。事業年度の途中で退会した場合、その年の年会費は返還しない。
（6）総会および世話団体会に参加するにあたり参加団体の交通費等実費が発生する場合の処理については、世話団体会で協議して決める。

（世話団体・代表団体・監事）
第5条　本協議会に、世話団体および代表団体、監事を置く。
2　世話団体は、10団体以上25団体以内、代表団体は、1団体以上2団体以内、監事は、1名以上2名以内とする。
3　世話団体は、会員の中から総会で選任され、任期を2年間とし再任を妨げない。
4　世話団体は、事業計画および予算、総会の決定事項以外の事項を決定する。
5　世話団体は、互選により、本協議会を統括する代表団体を選任する。
6　世話団体は、日常的な活動を執り行うために互選により数団体の幹事世話団体を選任する。
7　監事は、総会で選任され、任期を2年間とし再任を妨げない。

8　監事は、本協議会の業務の執行ならびに財産状況を監査し、重大な事実があることを発見した時は総会を招集する。

（会議）
第6条　会議は、総会、世話団体会とする。
　　　2　総会は、会員をもって構成され、次の事項を決定する。
　　　(1)　ＮＰＯ法人会計基準委員会の設置、および委員の選任・解任
　　　(2)　運営規約の改正
　　　(3)　世話団体の任免
　　　(4)　監事の任免
　　　(5)　活動報告と決算の承認
　　　(6)　本協議会の解散
　　　(7)　その他重要な事項
　　　3　世話団体会は、世話団体をもって構成され、本規約に定めるもののほか、総会に付議すべき事項を決定する。
　　　4　総会および世話団体会は、代表団体が招集する。世話団体の3分の1以上が要求した場合は、代表団体は世話団体会を開催しなければならない。会員の5分の1以が要求した場合ならびに監事が要求した場合は、代表団体は総会を開催しなければならない。
　　　5　総会および世話団体会にメーリングリストを設置し、情報共有および継続的な議論の場とする。
　　　6　総会および世話団体会の定足数は2分の1とし、会議に出席したものの過半数の賛同をもって決する。書面および電磁的方法による表決や他の会員、世話団体に表決を委任する場合は出席したこととみなす。
　　　7　総会および世話団体会を開催した場合は、議事録を作成し、議長と議事録署名人が署名することとする。

（ＮＰＯ法人会計基準委員会）
第7条　ＮＰＯ法人会計基準委員会は、総会にて設置を決定し、総会で選任された委員をもって構成する。ただし、委員の選定にあたっては、基準の趣旨を鑑みた構成バランスを配慮しなければならない。
　　　2　ＮＰＯ法人会計基準委員会には、委員長・副委員長を置く。委員長は総会で選任し、副委員長は委員長が指名する。
　　　3　委員の任期は2年とし、再任することを妨げない。
　　　4　任期途中の委員の変更は、世話団体会の承認をもって行う。
　　　5　ＮＰＯ法人会計基準委員会は、以下のことを協議し、執り行う。
　　　(1)　会計基準本文・注解の改正
　　　(2)　別表と様式、及び、実務担当者のためのガイドライン（記載例・Q&A）の改正
　　　6　基準等を改正した場合は、委員長は総会に報告を行う。
　　　7　ＮＰＯ法人会計基準委員会は、会議を円滑に進行するために、論点整理や作業等を行う部会を置くことができる。
　　　8　ＮＰＯ法人会計基準委員会の運営に関する事項は世話団体会で別に定める

（専門委員会）
第8条　本協議会は、その目的を達成するため、専門委員会を設置することができる。
　　　2　専門委員会の設置は世話団体会で決定し、委員は世話団体会が委嘱する。
　　　3　それぞれの委員会には委員長・副委員長を置く。委員長・副委員長は世話団体会が委嘱する。
　　　4　専門委員会の運営に必要な事項は各委員会の委員長と事務局長とが協議して行う。

（著作権）
第9条　ＮＰＯ法人会計基準および実務担当者のためのガイドラインの著作権は、本協議会に帰属する。この著

作権の帰属を明確にする目的は、解釈や改正を統一した見解の下に行うためであって、ＮＰＯ法人会計基準の自由な利用を妨げるものではない。

2　協議会は、ＮＰＯ法人会計基準が利用されることにあたって著作権料等の一切の料金を取らないこととする。

3　協議会名で著作物を発行する場合には、世話団体会の了承を得ることとする。ただし、ブログなど、インターネット上のページの更新などはこれに含めない。

（アドバイザリー委員）

第10条　本協議会は、ＮＰＯ法人の会計に詳しい専門家・有識者からなるアドバイザリー委員を置き、随時、意見をもらうことができる。

（事務局）

第11条　本協議会および世話団体会の運営事務を行うために事務局を置く。

2　事務局は世話団体会で担当団体を決定する。

3　事務局には事務局長を置く。事務局長は世話団体会で選任する。

4　代表団体、幹事世話団体、事務局長は共同して協議会の日常的運営を執り行う。

（会計）

第12条　本協議会の事業年度は毎年4月1日から翌年3月31日までとする。

2　事務局長は、毎年6月末までに決算を取りまとめ、監事の監査を受けた上で、総会に提出する。

（その他）

第13条　本規約に定めた事項の他、協議会の運営に必要な事項は、世話団体会で定める。

2　世話団体は、財政基盤が整うまでの間、会員よりも多くの会費を負担することとする。負担額は、予算決定の際に決める。

付則　　1　本規約は2012年6月15日より発効する。

2　本改正規約は2013年9月30日より発効する。

3　第7条第3項の規定にかかわらず、ＮＰＯ法人会計基準委員会の設置後に初めて選任された委員の任期は、選任後2年以内に終了する本協議会事業年度のうち最終のものに関する事業報告を承認する総会の終結の時までとする。

ＮＰＯ法人会計基準委員会運営規則

（目的）

第1条　この規則は、ＮＰＯ法人会計基準協議会運営規約（以下、運営規約という）第7条8項に基づき、ＮＰＯ法人会計基準委員会（以下「基準委員会」という。）の運営について定めるものである。

（審議事項）

第2条　基準委員会の審議事項は、運営規約第7条に定めるものの他、基準委員会の職務に照らし必要な事項とする。

（委員）

第3条　基準委員会は、委員15人以内で構成する。

2　委員は、学識経験者、会計実務者、及び、ＮＰＯ法人に関する有識者から選任する。

3　任期途中で変更となった委員は、委員の任期である2年のうち前任者の残任期間を任期とする。

（会議）

第4条　基準委員会の会議は、委員長が招集する。

　　　2　基準委員会は、委員の5分の3以上が出席しなければ、会議を開くことができない。ただし、運営規約第7条5項（（1）会計基準本文・注解の改正（2）別表と様式、及び、実務担当者のためのガイドライン（記載例・Q&A）の改正）に定める基準等の改正（以下、「基準等の改正」という）以外の議事を決議する場合は、委員の過半数の出席があれば開催することができる。

　　　3　基準等の改正は、委員の総意をもって決することを原則とし、多数決による決議が必要な場合は、委員の総数の5分の3以上で決定する。ただし、基準等の改正以外の議事については、出席委員の過半数によって決定することとし、可否同数のときは、委員長の決するところによる。

　　　4　前2項にかかわらず、決議事項に関する賛否を書面または電磁的方法により提出した委員は、会議に出席し、決議に参加したものとみなす。

　　　5　委員長が必要と認めるときは、委員以外の者の出席による意見もしくは説明の聴取や、必要な資料の提出を求めることができる。

　　　6　基準委員会の会議は公開とし、議事録を公表する。

（基準等の改正に関する手続き）

第5条　会計基準等の改正を行う場合には、原則として、公開草案を公表し、広く一般からの意見を募集する。ただし、重要性が乏しい場合など、委員長の判断により、委員会の議決を経て、公開草案を公表しないことができる。

　　　2　また、必要に応じて、公開草案に先立ち、論点整理を公表し、同様に意見の募集を行う。

　　　3　前2項による公開の期間は、原則として、2ヶ月以上とする。ただし、重要性や緊急性を勘案し、委員会の議決により、短縮することができる。

　　　4　公開草案及び論点整理に対して寄せられた意見については、ホームページに公開する。それらの寄せられた意見については、委員会において適時に検討を行い、検討の結果をホームページに公開する。

　　　5　委員会が重要と認められる会計基準等の改正を行ったときは、それが与えた影響を評価する目的で、適用後レビューを実施する。

（部会）

第6条　委員長が必要と認めるときは、基準委員会に部会を置くことができる。

　　　2　部会は、委員長が指名する委員及び外部有識者で構成する。

　　　3　部会に委員長が指名する部会長を置く。

（庶務）

第7条　基準委員会の庶務は、協議会事務局において処理する。

（本規則の改廃）

第8条　本規則の改廃は、世話団体会によるものとする。

付則　　本規則は、2014年4月18日から適用するものとする。

ＮＰＯ法人会計基準協議会

ＮＰＯ法人会計基準協議会は、2009 年 3 月、ＮＰＯ法人会計基準の策定を行なうために、全国のＮＰＯ支援センターによって結成された任意団体です。2010 年 7 月 20 日の「ＮＰＯ法人会計基準」策定後も、会計基準のメンテナンスと普及の活動を続けています。また、2012 年 4 月からは、この会計基準に沿った財務諸表の作成や公表に関する相談・研修活動への支援や、情報の共有などを目指す全国のネットワーク組織として活動をしています。協議会に参加されたい団体は、ご連絡ください。

［連絡先］
代表団体：認定特定非営利活動法人　日本ＮＰＯセンター
　　〒100-0004 東京都千代田区大手町2－2－1　新大手町ビル245
　　Tel：03-6458-6276（ＮＰＯ法人会計基準協議会専用）
　　E-mail：inquiry@npokaikeikijun.jp
　　URL　：http://www.npokaikeikijun.jp/
　　　　　　「みんなで使おう！　ＮＰＯ法人会計基準」

ＮＰＯ法人会計基準　［完全収録版 第3版］

2010年12月24日　　第 1 版第 1 刷発行
2012年 6 月16日　　第 2 版第 1 刷発行
2018年 2 月28日　　第 3 版第 1 刷発行
2024年 4 月25日　　第 3 版第 8 刷発行

編　者　　ＮＰＯ法人会計基準協議会
発行所　　株式会社 八月書館
　　　　　　〒113-0033
　　　　　　東京都文京区本郷2―16―12
　　　　　　ストーク森山ビル302
　　　　　　Tel：03-3815-0672　Fax：03-3815-0642
　　　　　　URL：http://www.hachigatsusyokan.co.jp/
　　　　　　郵便振替　00170-2-34062
装　幀　　柊　光紘
印刷所　　創栄図書印刷 株式会社

ISBN978-4-909269-02-7 C0032　　　　　　定価はカバーに表示してあります